箱の中の小宇宙

箱中天

高橋善丸

光村推古書院

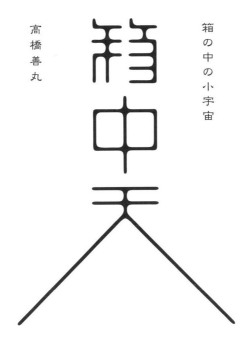

目次

全ての図版は著者である高橋善丸が所蔵しているものを撮影し、掲載しています。

序文　箱の中の小宇宙

箱という存在には、子供の頃の宝箱に始まって女性の宝石箱まで、何か大切なものの隠し場所を連想したり、また、浦島太郎の玉手箱に見られる様にお伽のタイムマシーンであったりと、人知を超えた世界が詰まっていることまでイメージします。また、箱で思い出す私の好きな作家に、ジョセフ・コーネル（1903-72 アメリカ）という現代アートの作家がいます。彼は箱をモティーフに、その中に様々なオブジェを配置することによりノスタルジックかつシュールで幻想的な世界を作り上げました。その後、彼に触発されて箱をテーマとした作家がたくさん登場してきましたが、それらの作品に共通するのは、箱の中のコンテンツより、箱という囲まれた状態に世界を収めるという事に意図を感じます。

箱は物を入れるためにあるわけですが、物を入れると言うことでは人類の歴史から見ると壺（土器）が先になります。この壺の中と言って連想するのは中国の「壺中天（こちゅうてん）」と言う言葉です。これは、中国、後漢の費長房という人が、市場の役人をしていたときに、薬売りの老人が店をしまうと店先に掛けておいた壺の中に跳び入りました。それを楼上から見ていた彼は、老人に頼み込んで壺の中に入れてもらったところ、中にはりっぱな建物が建ち並び、美酒佳肴が溢れ、費長房は、老人とともに歓を尽くしたという『後漢書』「方術伝」の故事による言葉です。このことから、壺の中に俗世間から離れた別世界があるとか、壺の中に宇宙があると言う意味で使われてきました。

さて、入れ物の主役が壺から箱に変わったのは、加工がしやすい木が材料となった為です。箱になったことでそのキュービックな形状は、積み重ねや仕切り収納など、合理的な機能が格段についてきました。そしてそこから時代と共に収納のための様々な工夫がなされ、箱収納への執着が始まったのです。ここで執着と申しましたのは、本来の目的である機能性にどこまで迫れるかと言う拘りに加えて、時としてすでに目的を超えた、言い換えれば不必要なまでの収納の技を追求した、かつての職人たちが持った箱への執着すら感じてしまうからなのです。私はその執着が生んだ技にとても魅力を感じてしまうのです。そして、小さな箱からたくさんの小箱が湧き出して、目眩く広がっていくその様が、まさに箱の中の小宇宙を連想させてくれます。本書ではそんな箱の中の小宇宙をイメージするがごとくの神秘性を持って、壺ならぬ「箱中天」と銘打ってまとめてみました。

箱での収納は、家や蔵の中で使われるより、野外で使われるものに対してより工夫が凝らされています。それは運ぶためや携帯するためにいかに軽くそして小さくまとめるかが要求されるからです。かつては旅にせよ商いにせよ、庶民が移動の手段に乗り物を使うことは稀でほとんどが徒歩であるために、小さいことが今以上に大きな機能として必要だったのです。これらの箱に対して特に興味深いのが、この移動することが自由に、かつ活性化してきた江戸時代末以降の収納雑貨の諸々です。東海道を渡るような長旅の携帯必需品から、商いのための諸道具、果ては花見など大勢での物見遊山の為の弁当箱など、様々に工夫を凝らして合理的に機能させたり、はたまた、複雑な組み合わせの容器自体の仕掛けを楽しんだりしたのです。

日本人は元来、小型電化製品を例にとるまでもなく、コンパクトに収める技にかけては世界に類を見ない文化がありました。昭和時代に「軽薄短小」という言葉が流行したように、いかに小さく軽くするかが時代を先取りする技術の争点でした。現在では生活の中にある家電をはじめ電子機器にいたるまで、ほぼ箱の形状をしています。しかしそれらはブラックボックス化して、中が全くわからないばかりか、今ではドライバーでネジを開けて中を見ることさえ許されません。製作者と消費者の間に超えられない壁ができてしまったのです。小さな箱に小宇宙があったとしても、全く超えられない闇の世界では興味も湧きません。そこに工夫を凝らした匠たちの拘りが見えてこそ、感動も得られるのです。

また、かつての箱には化粧道具から提重や懸硯等、金蒔絵や螺鈿細工を施した豪華な工芸品が今でも多く残されています。これらは武家社会などの嫁入り調度品として作られたものも多く、現在でもお宝として大切に保存されています。しかし本書は、これら贅を尽くした美術骨董を愛でることを目的にしたのではなく、収納への拘りのアイデアを検証するべく一覧としたため、華燭の調度品を外し、機能性を持ったプロダクトデザインとしての視点で、シンプルで構造の仕組みがよくわかるベーシックなものだけを取り上げました。また、せっかく作られても権威の象徴として未使用で飾られていた品ではなく、あくまで庶民の日用品として使用されていたものを集めています。なので、美術館では見ることのできない生活の記録としてご覧いただければと思います。

小箱の中に目眩く広がる先人達の宇宙観をお楽しみください。

「箱」、「収納」、「携帯」をキーワードに、本書に掲載している箱の三つの基本形態

一

抽き出しや入れ子箱を多用して多機能収納にし、かつ小型化や運搬のために工夫したタイプ

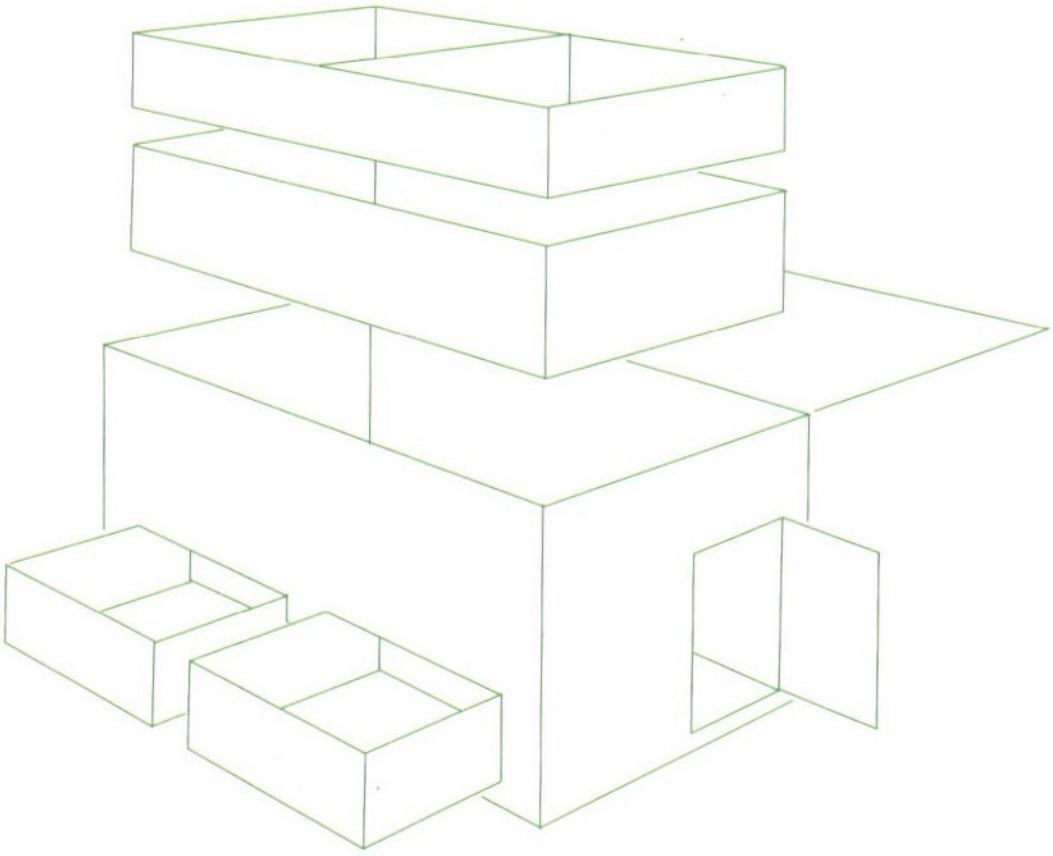

二

各種の道具類を整然と並べ
一覧状態にして組み込まれた
セット収納タイプ

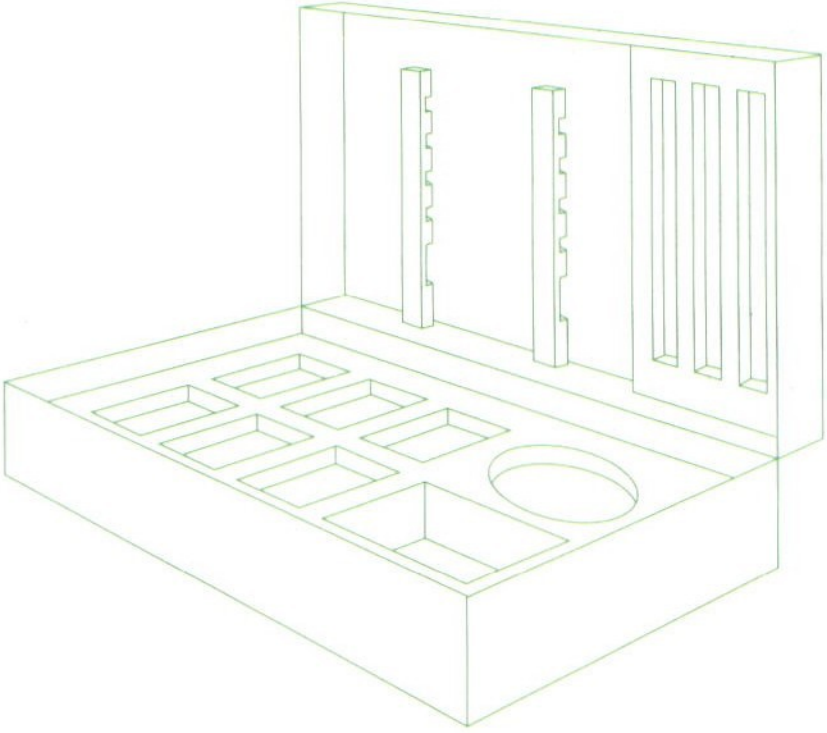

三

収納のための箱ではなく
凝縮されながら箱そのものが
製品として機能するタイプ

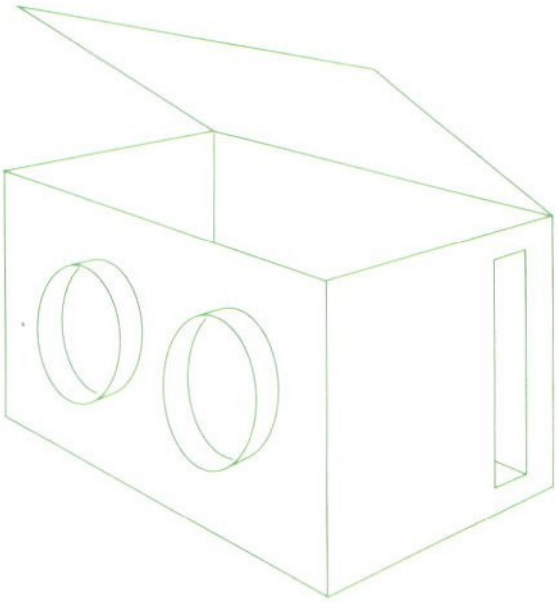

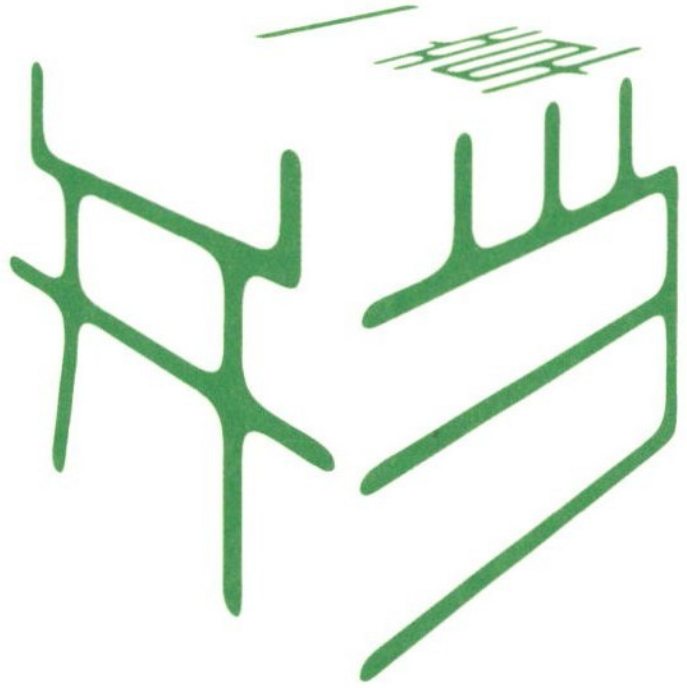

「キャラ弁」などという高度？な弁当文化が花開いているようですが、元々日本は世界の中でも弁当文化が発達した国です。日常の外での昼食である他に、「幕内弁当」や「花見弁当」など、弁当そのものを楽しむ習慣がありました。そもそも弁当の語源は、中国南宋時代俗語の「便當」で、好都合・便利なという意味であり、日本では、「便道」「辨當」などの漢字も当てられました。辨は備えるという意味から、備えて用に当てるの意味もあります。古くはおにぎりを竹の皮などで包んだ簡易なもので、平安時代には屯食と呼ばれていました。本章で取り上げるのは勿論弁当ではなく「弁当箱」です。竹籠にはじまり桃山時代あたりから漆器のものも登場したのですが、日常使いではなく、花見や野点茶会など娯楽の場で使われました。重箱も重ねて料理を運ぶものですが、弁当となると「提重」と呼ばれて、持ち運ぶ機能が付いているばかりでなく、コンパクトにするための数々の仕組みが工夫されています。弁当箱は食する時は主役なのですが、食べ終わると嵩ばるばかりの邪魔者になってしまうという悲しい立場です。だから、弁当箱には用済後の機能さえ求められてきました。そのため折りたたみ式や入れ子式などの工夫もなされ、ユニークさを競っているのです。

黒漆提重

31.6cm

これは花見弁当といわれる部類のものであり、形態から「提重（さげじゅう」）と呼ばれています。あくまで宴席用のものです。豪華なものは綺羅美やかな蒔絵などの装飾が施されているのですが、これは装飾が皆無で黒漆に金縁のみです。しかし、それが返ってストイックでシャープな形態美を見せています。提重の基本は料理のお重と銘々皿と酒筒のセットですが、これは酒筒の間に徳利がピッタリと組み込まれるようになっているところにとても趣があります。徳利が錫製なのを見ると、他に用意した銅壺などの火で燗をしたのかもしれません。

酒筒

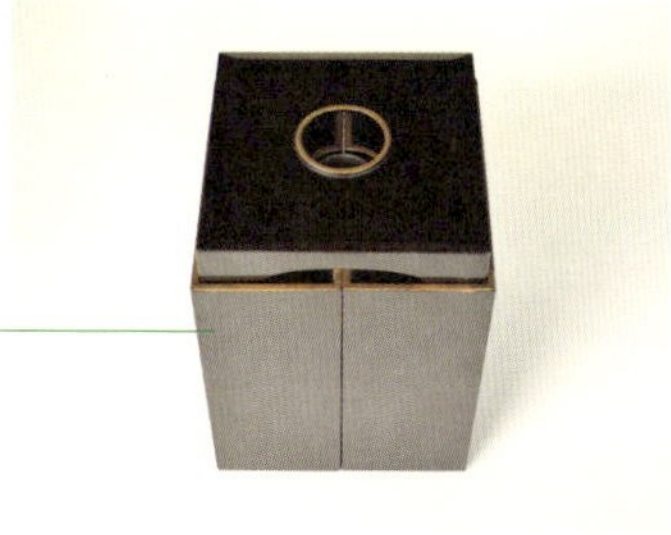

運搬時はさなだ紐で結ぶ

注ぎ口

徳利台または盃台

五段重

ピッタリ収まる窪み

蓋は盆に

錫徳利

荷担弁当

これは花見弁当の中でも「荷担弁当」といわれるもので、中央の金具を上げると天秤棒が通せるようになっており、使用人が前後に二つ担いで運ぶのです。様々な料理のお重に簡易焜炉や薬缶までセットされているので、自力で酒の燗などが出来ます。全てが方形に揃えられており、屋根や蓋が小さな棚になるなど、随所に工夫がなされています。使い込まれた痕跡から、満開の桜の下で繰り広げられた酒肴の宴、当時の賑わいが目に浮かぶようです。全体に粗野な感じもするので、武家のものではなく、裕福な町人のものであったのかもしれません。

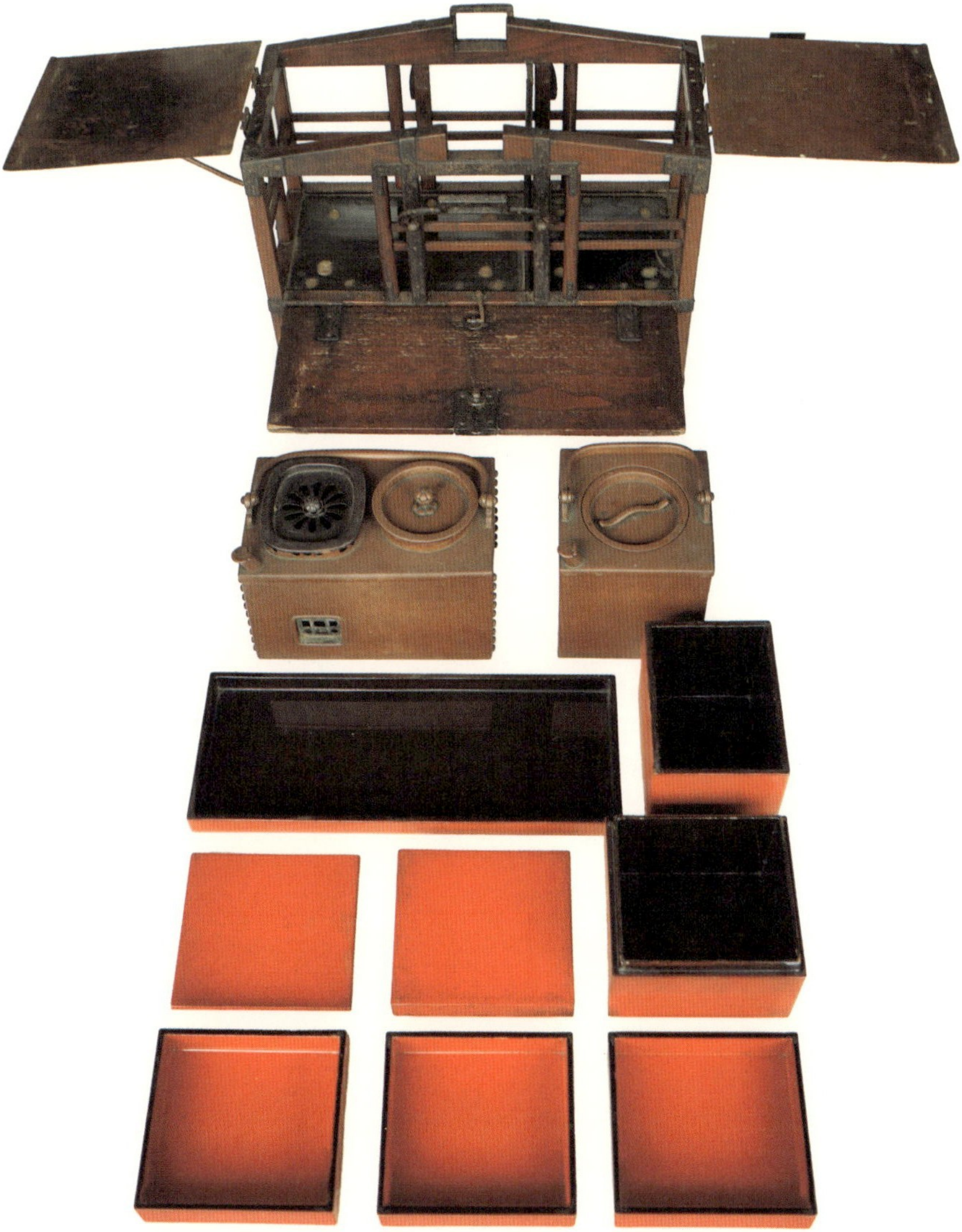

担ぎ棒を通す穴

運搬時の形態

炉の空気窓

上蓋がテーブルになる

前蓋もテーブルになる

燗銅壺

薬缶

重

盆

若狭塗両開五段提重

22.8cm

お重と銘々皿だけの提重ですが開き方に特徴があり、回し開きとも言います。通常は外箱から抽き出しのように前面から取り出すのですが、このようにあえて両開きにすることで、開いた時の場の華やぎも増すというものでしょう。また、それぞれ棚状になっていてお重を重ねないので、それぞれのお重に蓋を付けることができます。それゆえ塗りの変化を楽しむという遊び心も加わりました。外箱から中のお重の色変化が覗けるのも趣向です。加えて三角形のお重や三角の銘々皿など、料理を食べる前から期待感を盛り上げてくれそうです。

若狭塗色変蓋付き重
開き方で表情が違う
三角銘々皿
三角重
保存箱

透漆扇型破子弁当

30.2cm

扇型が4つで綺麗な円形を作り、そこにスッポリ小筒箱が収まる形状は心地がよいです。ここに大小の箱が4組の2段で8組あります。しかしこれは一部で、元は5段で20組あり、それが大きな円筒の櫃に入っていました。さらにそれを前後2つで40食分を天秤棒で担いでいたのです。なぜそんなに大量の弁当が必要だったのかというと、元は軍陣弁当といって、陣中に携行したものだったのが始まりとか。破子（わりご）とはヒノキなどの薄板を曲げて弁当箱などを作ったものです。ただ、扇型の小箱はあまりに浅いので、いったい何をいれたのか不思議です。

中心は共用の菜入れ

一人分の扇型セット
扇型の小箱

赤漆提重

27.4cm

提重としては最も定番の構成内容です。しかし方形に徹底して拘ったフォルムで見事に組み込まれた構成は美しく無駄がありません。華やかな朱塗りではありますが、一切の装飾を省き、モンドリアンのような分割の線が現代にも十分通じるモダンなプロダクトデザインだと言えます。一般的な提重との違いは、酒を入れる酒筒も真四角にした所で、その注ぎ口の蓋にも工夫が見られます。次頁右下のものは似たような構成ですが、左右わずか18センチと小さいので、2人分程度のものでしょう。箱書きに弁当の別名である「行厨」(こうちゅう)と、嘉永七年とあります。

提げ枠

担ぎ箱

◆ 同類参考品　春慶塗「行厨」
大小８つのミニ重箱が収まっている

通い手持弁当

16.8cm

一見して提重のように見えますが、実際は結構小さいもので一人用の弁当です。江戸期には武士が登城する折りに、そして明治期には高級官吏の通勤用の弁当として、使用人等が届けていたのです。同じ通勤弁当でも自分で提げていく32ページのものよりは上級クラスの役人のものだったのでしょう。小さいとは言え提重をそのままミニチュアにしたようなもので同じ内容の構成をしています。錫の水筒もついていますが、盃がままごとのように小さく、これで飲むのは酒くらいしか想像できませんが、この頃は勤務中に酒を飲んでもよかったのでしょうか。

箸入れ

菜重
ご飯重
香物

錫酒徳利と盃

遊山箱

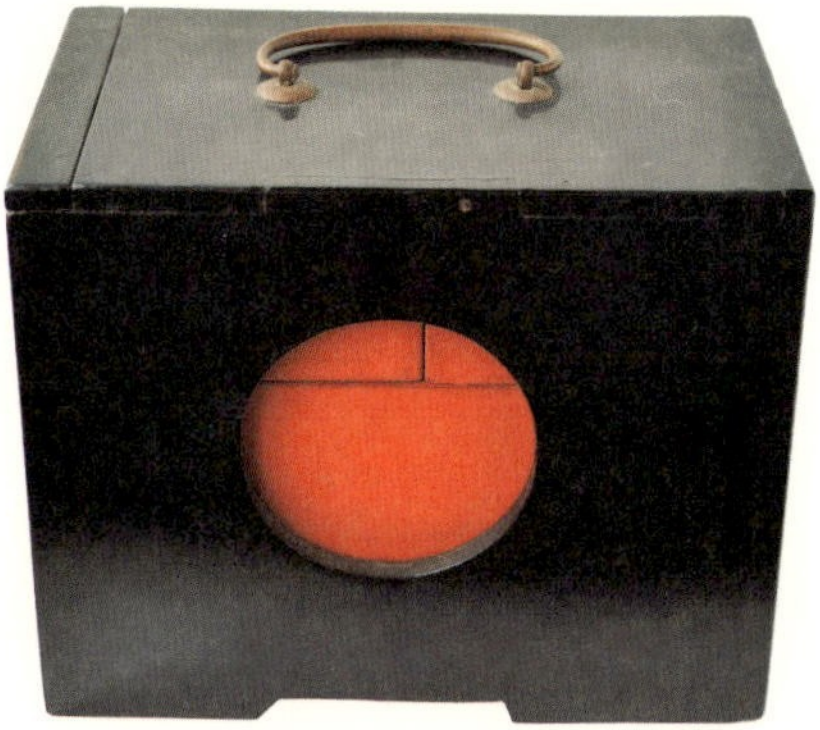

17.6cm

弁当にしては小振りでかわいい感じがします。実はこれは「遊山箱」(ゆさんばこ)といって子供の為の弁当なのです。遊山箱は、徳島県に伝わる風習で、桃の節句や菖蒲の節句などに子供達だけで野山へ出かけ、その時これにのり巻きや煮物、お菓子などを詰めて持って行ったのです。一般的には丸い円月窓の空いた手提げ箱の中に、三段重ねの小さな重箱が入っています。掲載のものは無地ですが、多くは、次頁右下のようにかわいい模様が描かれています。徳島では近年までこの風習は残っていたようですが、今またこれを復活させる動きも出ているようです。

円月窓

ミニ重箱　手提げ箱

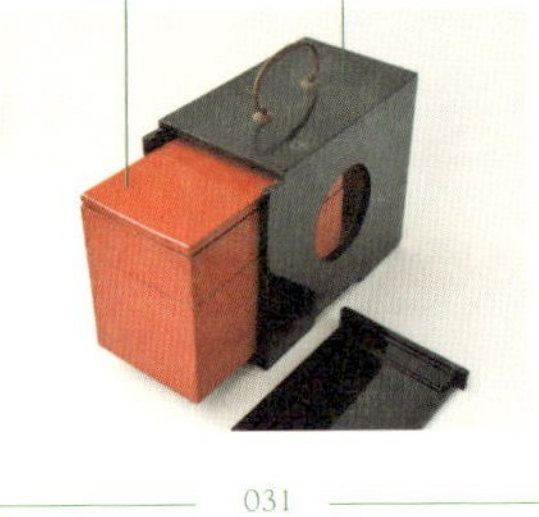

◆ 同類参考品　遊山箱

小籠弁当

18cm

これは江戸時代末のものですが、ほぼ同じ形態のものが今でも多く残っているところから、当時定番の弁当であったと推察されます。下級武士等が登城する際などに携えていったのでしょう。竹の細かな編み模様も美しい艶を出して、日用雑貨というより、工芸品のような佇まいを見せています。よく見ると、外側の見せるための編み方と、中の強度をもたせるための編み方の二重構造になっているのです。籠の曲線にピッタリ収まる錫製の三層容器も合理的に作られています。手の込んだものは、内側に綺麗な錦の布地張りを施しているものもあります。

網代編竹籠　外と中が別の編み方で２重になっている

錫三段重

錫三段弁当・水筒

明治も後期になって錫の利用が広まると食器にも多く利用されるようになりました。軽くて熱伝導率もいいので酒の燗などにもよく用いられます。また、それまで多かった銅製品も、銅が腐食すれば有害になるため、銅の内側に錫メッキが施されることが一般的になりました。漆器のお重が取り扱いに気を使わなければならないのに対して、錫製品は扱いやすくて、野外での使用には特に重宝されたことでしょう。掲載の物は大きさから言って個人または二人用で、当時は麦茶以外はお茶を冷やして飲む習慣がなかったので、水筒に入れるのはやはりお酒でしょう。

錫3段重　角水筒　◆ 同類の参考品　四段重と水筒　蓋がカップ

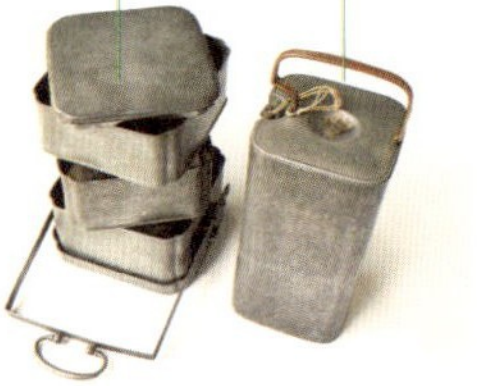

燗銅壺

野外で湯を湧かし酒の燗をするという風流なセットを燗銅壺（かんどうこ）といいます。水を注いだ後、下の穴へ炭を入れて火を起こし、回りを包む水を熱します。そこへ酒の入った容器を入れて燗をするのです。たとえ不便な野外であっても、決して酒を直火にしない心配りに酒のみの拘りが見えます。焜炉状にもなっているので、肴を焼いたりも出来ます。銅製なので銅壺といい江戸初期からあったようです。内側に錫メッキが施されていて、湧かした湯でお茶をのむためにも利用されます。花冷えの夜桜の下で熱燗を飲めば芯からほっこり暖まれそうですね。

◆同類の参考品

野風呂（炉）

9.9cm

野外で湯を沸かすのは銅壺と同じですが、薬缶が直火なので、酒のためではなく、お茶のために湯を沸かすのでしょう。銅壺のように機能性から生まれた形状ではなく、小さな箪笥状の木の箱に美しくまとめあげようとする意図が読み取れます。屋外での場のイメージを大切にする野点や茶弁当として使う為のものでしょう。下の抽き出しに炭を入れて火を炊くのですが、面白いのは、薬缶と蓋の真ん中に穴が空いておりそこが煙突になるよう設計されているのです。これで抽き出しも蓋も締め切ったままで、美しくお湯を沸かすことができるのです。

薬缶
抽き出しの中に炉がある

薬缶にも蓋にも煙突穴がある

茶道具箱

茶道具一式を収納する箱には一般的にいくつかの段階があります。一番大きなものは高さ50センチ余りの縦に細長い「短冊箱」。その次が「茶箪笥」とか「茶棚」とか言われる20センチ四方位の箱で次頁右下のものです。いずれも持ち運び出来るよう天に取手がついています。その次が「茶箱」といわれる長辺20センチ余りの弁当箱のような至ってシンプルな箱で掲載のものです。一番小さいのが「野点籠」という籠と巾着を繋げたかわいいものです。後の二つは野点など持ち出し用に茶碗のサイズも小振りに作ってあり、衝撃保護の為に綺麗な巾着袋に入れてあります。

羽箒　茶箱

◆ 同類参考品　茶箪笥

抹茶茶碗　建水　棗　茶筅
蓋置　茶杓

茶篩箱

27.3cm

一見してふいごのように見えますが、これは茶篩箱（ちゃふるいばこ）といわれるものです。篩は網の目によって粒の大小をより分ける為のものですが、通常は円形のせいろのような形をしています。しかし、この茶篩は箱状になっていて、中にかなり細かな金網が張ってあり、そこへ臼で挽いた抹茶をいれ、右の把手を静かに抜き差しすれば、箱の下に細かな粉末が溜まるようになっています。粉が飛び散らないように、中蓋や外蓋が設けられるなどの工夫がなされています。箱には「文政七申十一」の墨書きと「荒物屋清兵衛」の焼印が押されていました。

中蓋
茶箱
篩
把手

入れ子箱

「入れ子」というのは、大きな器の中に小さくて同じ形のものを順々に入れていく形態のものをいいます。ロシアのマトリョーシカのような物です。このシステムは、器の使用時よりむしろ使用していない時に収納効果を発揮するので、用途も限定せず常時使うものではないが使う時には一気に数が必要な場合に便利です。一般的には外寸40センチ程度のものが普及しているのですが、掲載のものはミニサイズなので、さしずめ弁当箱などにも利用されていたのでしょう。下から大きい順に積み上げると筍のように見えることから筍弁当と言われることもあります。

収納時の状態

上記写真は全て器にした状態／下記は夫婦箱にした状態

折り畳み アルミ弁当

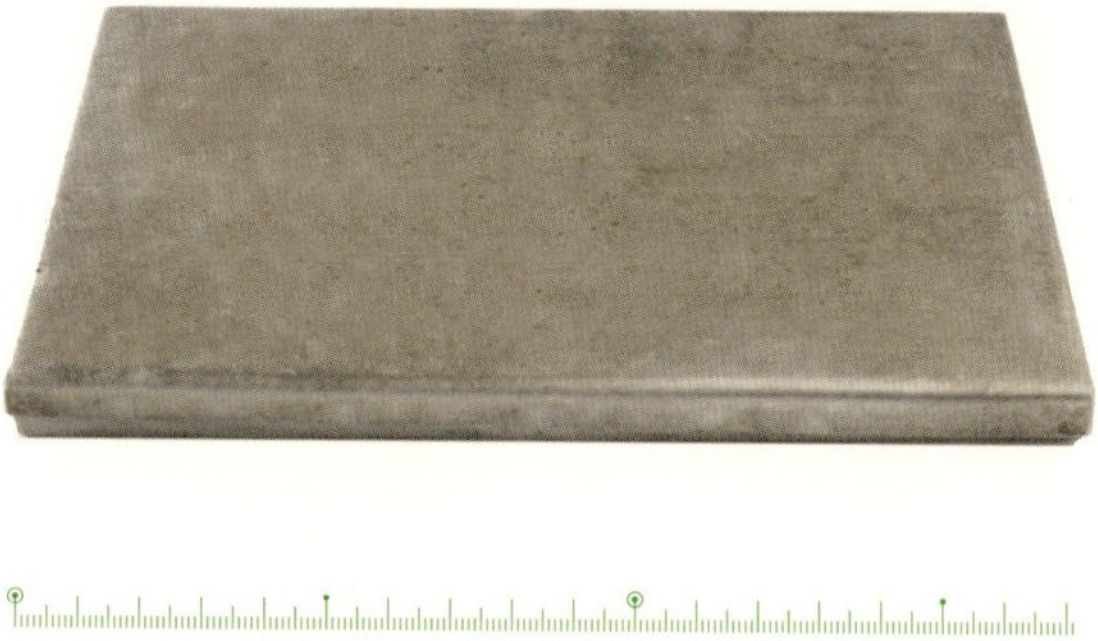

17.1cm

昭和生まれにとって弁当と言えばアルミニウム製でした。かつては弁当のご飯の真ん中には決まって梅干しを入れて日の丸状態にしていましたが、それは梅の酸がご飯を長持ちさせるからという先人の智慧からです。ところがその梅の酸が逆にアルミを融かすことになり、大概の弁当の蓋の真ん中がデコボコに腐食した状態になっていました。私が子供の頃にはその危険性が認識されて梅干しを入れることはなくなりました。掲載の弁当箱は、折り畳み式になっています。アルミの弾力性を利用したアイデアものです。でも汁物が漏れるのであまり普及しませんでした。

収納時の状態

使用時の状態

携帯コラム1

食する為の携帯

日本の箸は、元々嵩張らない形状をしているので、携帯用としては特に工夫の必要はありませんし、屋外では割り箸という使い捨ての箸の方が一般的です。それに比べ、洋食のカトラリーなどは有機的な立体形状をしているので、収納形態に様々なアイデアが凝らされていました。

伸縮収納カップ

液体を入れるのに継ぎ目が気になりますが、しっかりと密着していて漏れません。右のものは洋酒用で、左はアルミ製の簡易なタイプです。星マークから見て軍隊で使用されていたものかと思われます。

収納時

使用時

携帯用ミニカトラリー

取っ手がケースになって収納できるナイフとフォークです。
小さいものなので、食事というよりデザート用ではないかと思われます。

収納時

使用時

十得ナイフ

スイスが発祥と言われていますが、これは真似て作った国産のものです。通常はナイフや工具がメインですが、これはスプーン、ワインオープナー、フォーク、栓抜き、缶切りなど主に食事用で構成されています。

収納時

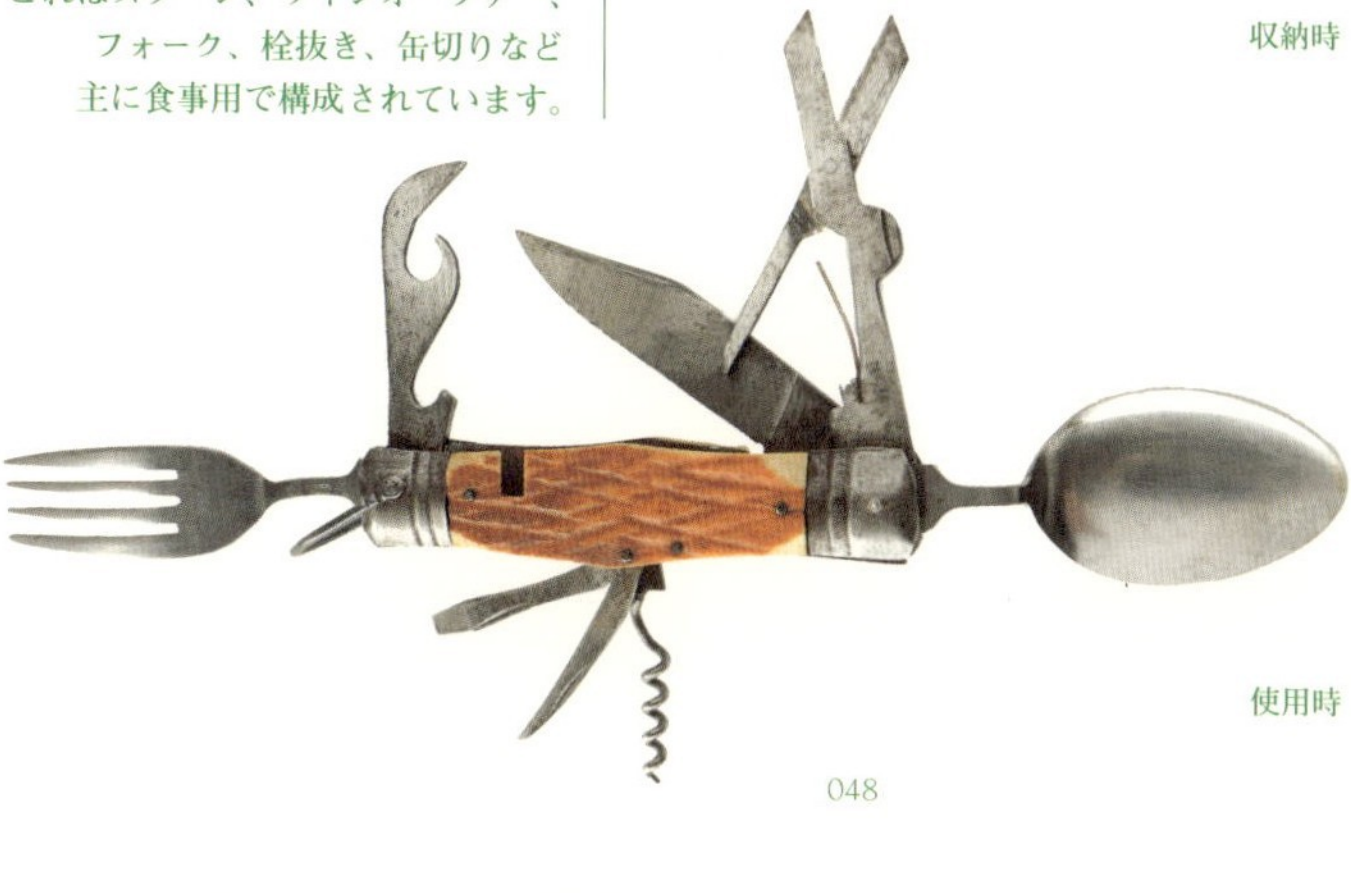

使用時

携帯コラム2

しるす為の携帯

漢字文化圏では、印鑑はサインに匹敵する責任の証しですから、貴重な物であり出来れば肌身離さず持ちたいという所から、かつて印籠という印鑑を携帯する専用の容器があった位です。そこで生まれた印鑑収納のアイデアも魅力です。旅先から書面を郵送するには秤も重宝です。

使用時　収納時　蓋

極小印鑑朱肉セット

棒状の印鑑を印面だけを残して平たくし、持ち手の部分を折り畳みにしています。ケースは鼈甲で、長辺3.4cm 印鑑の直径わずか1.4cmです。

まとめた時

バラした時

底が印鑑

亀の入れ子印鑑

3匹の亀と1羽の小鳥がうまく一体に収まります。底が全て印鑑になっています。鋳物で亀の甲羅は七宝焼きの中国製です。

畳んだ時

使用時

折りたたみメール秤

郵便物の重さを計るものですが、重りとテコを利用した簡易だけれど機能的な秤です。折り畳めば平たくなります。

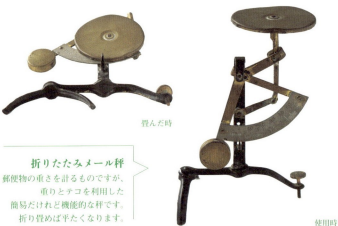

其二

化粧

明治頃には無くなった古い化粧方法が二つあります。それは成人女性のお歯黒と剃り落とし眉です。これは現代の感覚から見ると理解しがたい、とても妖艶というか不思議な美意識です。そもそも化粧というものの歴史は、刺青なども含めると人間の文化の歴史に等しいくらいに原初からあったようです。江戸時代には口紅や頬紅の赤、白粉の白、お歯黒や眉墨の黒などの3色を基本としていたと言われます。顔への白粉については、江戸時代にはかなり白塗りだったものが、明治になるにつれ、薄塗りに流行が変わってきました。このころは髪型は勿論、眉の描き方に始まって化粧の仕方は身分年齢の違いによって細々と決められていたとのことです。また、今と比べて化粧環境には大きな違いがあります。現代では各種化粧品の多くが顔へのメイクアップ用ですが、かつて日本髪を結っていた時代は髪の化粧が重要であり手間もかかりました。整髪料は椿油くらいのものでしたが、簪をはじめ櫛のバリエーションが非常に多く、櫛箱というものがあったくらいです。それからお歯黒道具箱から化粧刷毛箱など。そして鏡台はというと、これも基本は小抽き出しのついたやはり箱です。本章では、これら変身を遂げるために仕掛けられた箱達を集めています。

黒漆鏡台

30cm

江戸時代の浮世絵によく描かれているのがこの鏡台です。鏡は銅と錫の合金をベースとして、錫と水銀の合金で表面加工をしていました。鏡面がくすんで来ると専門の鏡研ぎ職人に磨いてもらうのです。丸い鏡に柄が付いたのもこの頃です。花嫁道具としての定番ですから鏡裏の意匠は概ね鶴亀や高砂などのような吉祥柄です。掲載の鏡台のような抽き出し付き鏡台が一般的ですが、これには装飾が施されていないので庶民向けでしょう。鏡は同じ形の鏡箱という木製の箱に入れられ鏡掛けに掛けます。明治に入ってようやく輸入によるガラス鏡が普及するのです。

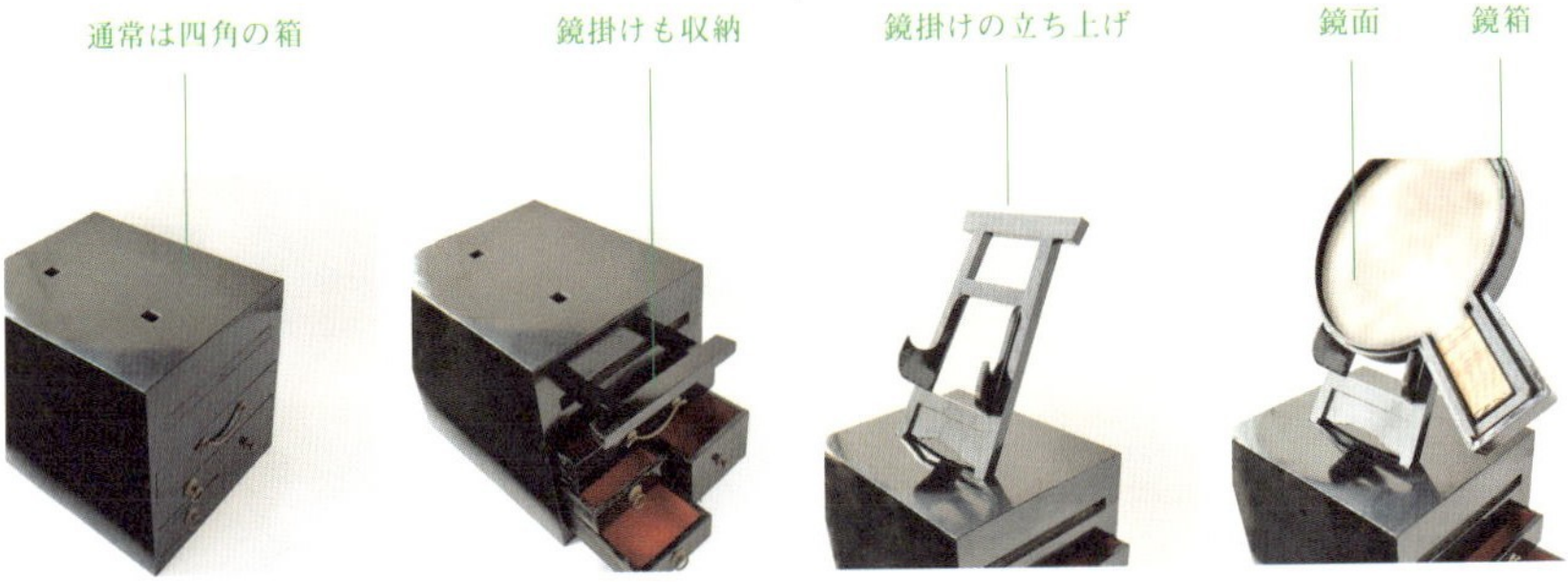
通常は四角の箱
鏡掛けも収納
鏡掛けの立ち上げ
鏡面
鏡箱

紅板匣

古来より口紅は紅花という植物を原料として作られていました。口紅を塗る際には紅を小さな茶碗に塗った「紅皿」というものを使うのですが、携帯用に使い易く板状にしたものが「紅板」です。それに紅筆を使って唇に塗るのです。掲載のものはその紅板や紅筆の他化粧小物を携帯用にミニチュアにしたものが入れられています。筆は上と下の両方から毛先が出るようになっているので、片方が紅筆でもう片方が眉墨用の筆として使っていたのでしょう。花街の女性等が、呼ばれたお座敷の合間に化粧直しをするために使っていたものではないかと思います。

紅と墨兼用筆　紅板

◆ 同類参考品　紅板３箱セット　紅板蓋（左右４.６cm）

携帯用化粧箱

6.9cm

移動時に荷物の隙間にでも入れ易くするためにスリムにしたのか、それとも使用人の女性が自分の荷物の場所を取らないためなのかはわかりません。漆を塗っていない所から庶民の実用向けのものでしょう。中に剃刀を挟むためのV字カットがあります。かつての剃刀は折り畳み式ではなく、このように鉄のたたき出しのままで、まるで刀鍛冶が作ったようで、銘も入っています。下の小物入れには、眉墨や紅板などを入れていたのでしょう。次頁右下は漆蒔絵のものなので、江戸時代の裕福な婦人の外出用だと思われます。鼈甲の櫛もミニサイズになっています。

櫛／簪　剃刀収納用 V字切れ込み　眉墨

◆ 同類の参考品　漆蒔絵化粧箱　紅板等を入れる抽き出し　鼈甲櫛／簪

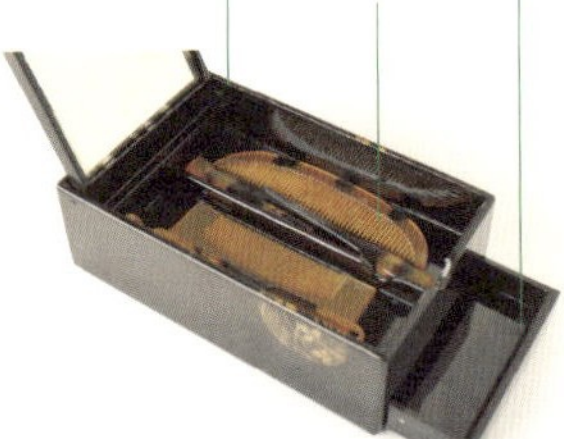

化粧匣

前頁の化粧箱と同類の古い時代のものと推察されます。この時代ですから鏡台は別で、これは櫛箱といってもいいかもしれません。欅の玉杢で木目も美しく使い込まれた艶を出しています。からくり箱のような複雑な仕組みになっていますが、櫛や剃刀に簪などを入れ、小抽き出しには紅板や眉墨を入れていたのでしょう。次頁右下のものは時代が下って大正時代頃の化粧箱です。鏡を蓋とする通常の構造ではなく、鏡がスライド式に収納されているのがユニークです。また、鏡のフレームが四角ではなく楕円になっている所が、大正モダニズムを感じさせます。

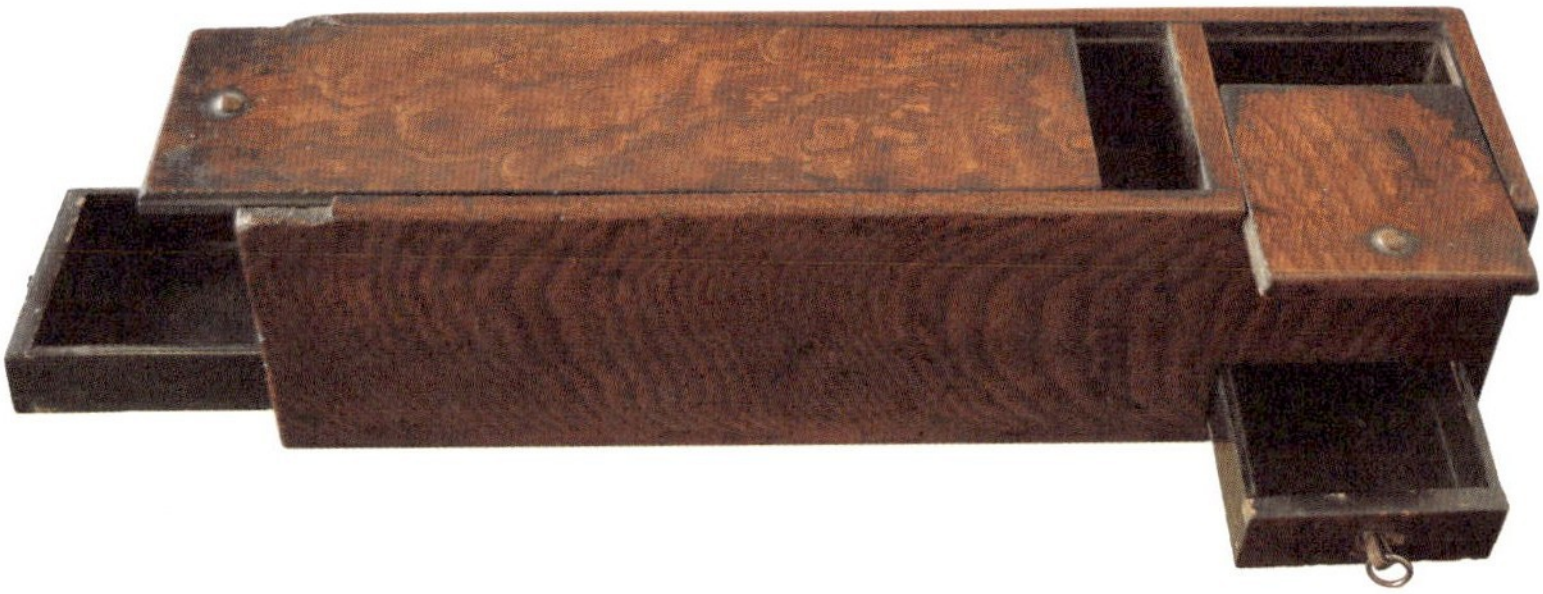

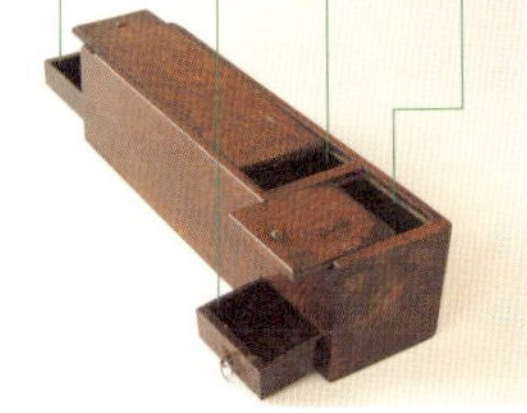
剃刀、紅筆
紅板
櫛、簪
眉墨

◆同類参考品　鏡付化粧箱

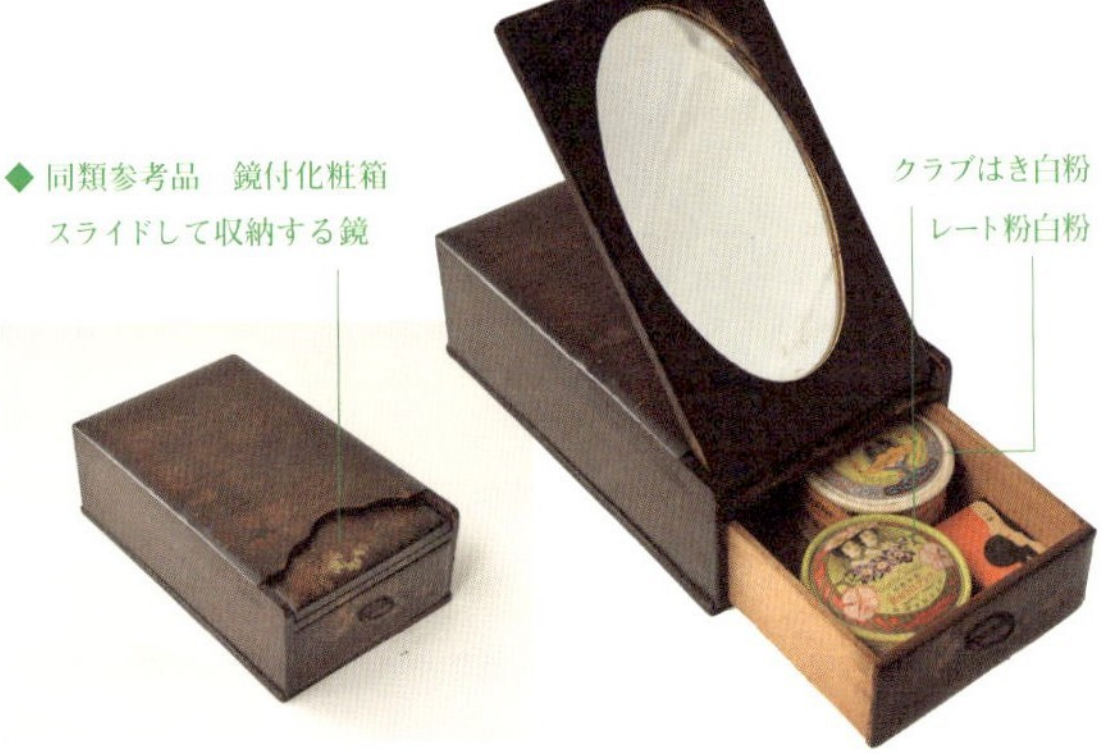
スライドして収納する鏡
クラブはき白粉
レート粉白粉

中華鏡台

20cm

コンパクトな鏡台も日本と中国では作りが異なります。この箱の上の蓋の端に鏡が繋がっていて、蓋を開けると自動的に鏡が立ち上がる仕組みは中国の鏡台ではよく見かける型です。黒漆に螺鈿で装飾されていますが、金具の仕上げなどを見ても決して高級ではなく庶民用のものと思われます。驚くのは抽き出しの多さで、11もの収納箇所があります。はたしてここまで細分化する必要があるのかと疑わしいのですが、本書の狙いとしては寧ろそこに魅力があります。上蓋の鍵を開けないと全ての抽き出しが開かない仕掛けはよく考えられています。

ここの鍵一つで全てがロックされる

化粧瓶入れ

化粧刷毛

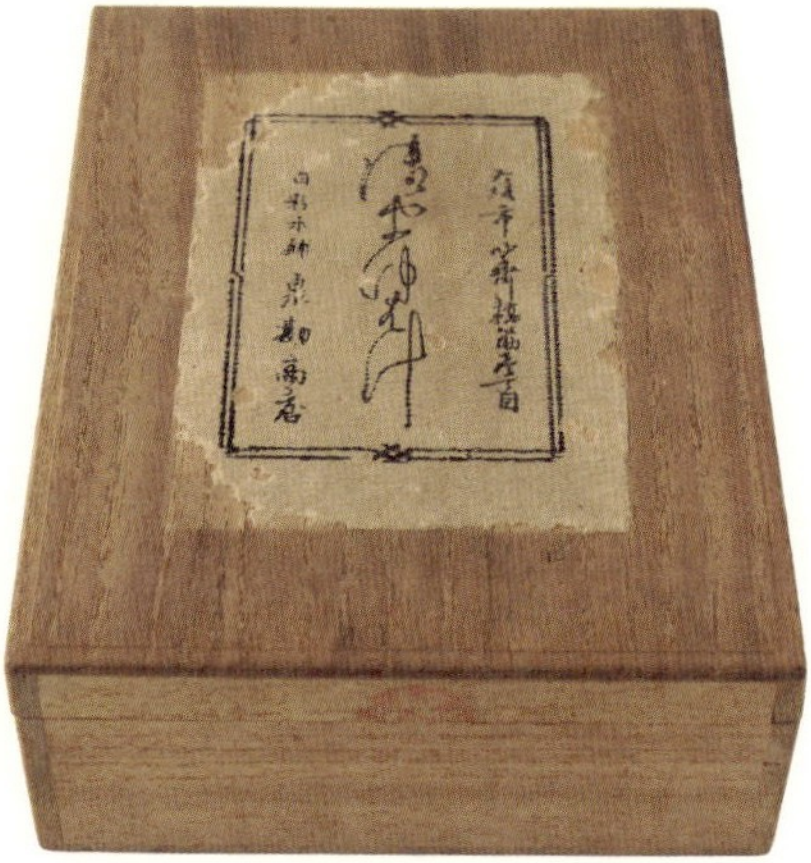

13.3cm

肌に白粉を塗るための刷毛ですが、塗る部位によって形が違います。この当時は顔から首筋、襟足から胸まで白粉を塗ったので、化粧をする時はもろ肌を脱いで半裸状態でするのです。右上二つは水刷毛で、右下が牡丹刷毛、その隣が板刷毛です。その他ほほ刷毛、眉刷毛などがあります。白粉は粉末で使用時に水で溶くのですが、伸びをよくするために鉛が入った鉛白粉が人気でした。しかし、明治に入って鉛害が問題になり無鉛白粉に変わりました。その後洋風化粧品が普及したので、これらの和装用のものは花街などでつかわれたものでしょう。

牡丹刷毛
板刷毛

同類の少し小型箱
水刷毛

櫛箱

11.4cm

日本髪を結っていた時代の化粧は、顔より髪にかける手間の方が多かったようです。櫛箱と言っても櫛だけではなく化粧道具全般を入れます。櫛には「飾り櫛」と結うための「髪結い櫛」がありますが、日本髪は最後に櫛を差してこそ完成するものですから、飾り櫛はファッションの中でも重要なアイテムです。鼈甲や漆に螺鈿細工を施したものなど装飾を凝らしたものが多くあります。一方、掲載の櫛は結うために工夫された黄楊の櫛たちです。掻き櫛、解き櫛、元結い通し、鬢上げ、鬢出し、際出し、毛筋立てなど、その用の造形が美しく見とれるばかりです。

上の写真の下段上部のものは「まげ型」で、髪の膨らみを出すもの

黄楊の髪結い櫛

お歯黒道具

16.4cm

あの不気味な化粧であるお歯黒は、平安時代には何と公家の男性の化粧でもあったというのですから驚きます。室町時代では成人女性としての通過儀礼だったのですが、江戸時代には既婚を表す印にもなりました。意外な利点として、化粧だけでなく虫歯予防にもなっていたのだとか。原料のひとつは「五倍子粉」というヌルデの木からとった生薬の粉。もう一つは酢に古鉄等を入れた「お歯黒水」という酢酸第一鉄でこちらは自家製です。とても渋かったそうで、専用のうがい茶碗もありました。明治になってからは即席の「便利お歯黒粉」が登場しました。

抽き出しには「五倍子粉」などを入れる

◆ 参考品

後に売り出された便利な即席おはぐろ「かめぶし」

根来塗針箱

30.4cm

今はソーイングボックスとかいわれますが、その存在すら影が薄くなっています。私の祖母は農閑期には一日の大半を針箱と共に暮らしていたものです。針箱はどの家庭にもあったものですが不思議とほぼ同じ形態をしています。大きくは二通りあり、一つは小さな抽き出し付きの箱の上に棒が突き出しその上に針山があるタイプ。もう一つはこの掲載したタイプです。上の蓋を開けると右端に引っぱり器を付けるための棒が起こせる仕組みです。道具入れの奥に隠し抽き出しがあるのも定番事項です。子や孫に小遣いを渡す程度の小銭を入れていたのでしょう。

引っぱり器（かけはり器）の棒の収納場所

隠し抽き出し

ブリキ針箱

12cm

一見して黒漆に蒔絵を施しているように見えますが、実はブリキ製なのです。実用新案と書いてありますが、そのアイデアの一つは、折りたたんだ蓋の裏に、針山と引っぱり器がついていることです。この二つは手元に近い高さにある方が作業上は便利なのです。もう一つは、ブリキ製になることで軽くなって持ち運びに便利なのですが、引っぱり器にかけた布の力が裁縫箱を動かしてしまいかねません。そのため下部に仕込まれた細長い板を座布団の下に敷いて固定させるのです。これらの機能を独立させたものもありますが、これはそれを一体化させたのでした。

上記写真の下の棒は固定のための板

蓋を開けると自動的に針山が起き上がる

引っぱり器（かけはり器）

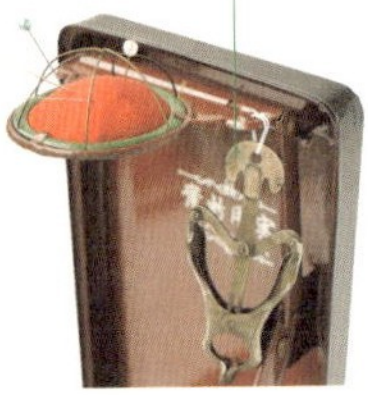

爪手入れセット

25.7cm

現代ではネイルアートなるものが人気を集めているようですが、小さなスペースに描かれた緻密な絵には驚かされます。掲載のものは昭和初期の爪切りセットですが、爪を切るという単純な作業になぜこれほどの道具が必要なのか不思議です。よく見ると、切ると言うよりほとんどが磨くためのもののようです。材質は鼈甲に似せたセルロイド製ですから普及品ではあるのでしょう。これでマニキュアを塗るわけでもないので、化粧ではなく単なるお手入れのためのものです。手を美しく見せるためには、爪の艶がいかに重要な要素であるのかということですね。

爪磨き用のレザー

古い時代の女性用お手入れミニセット

携帯用安全剃刀

髭を剃る剃刀はナイフのような形状（直刃）をしているのに肌に直接当てるので危険度も高かったのですが、日本では明治後期に刃の角度が直角に固定された安全な剃刀が輸入されました。とはいってもいきなり現在のようなT字型が出来たわけではなく、当初は鉋のような構造でした。次頁右下の剃刀がその当時の安全剃刀の草分けで、珍しい「小泉久右ヱ門」のものです。上記掲載の左のものはフェザー剃刀の3分割出来るまで小型化した携帯用T字型両刃剃刀です。右のものは同社の鏡がついた携帯セットです。いづれも替え刃がセットされています。

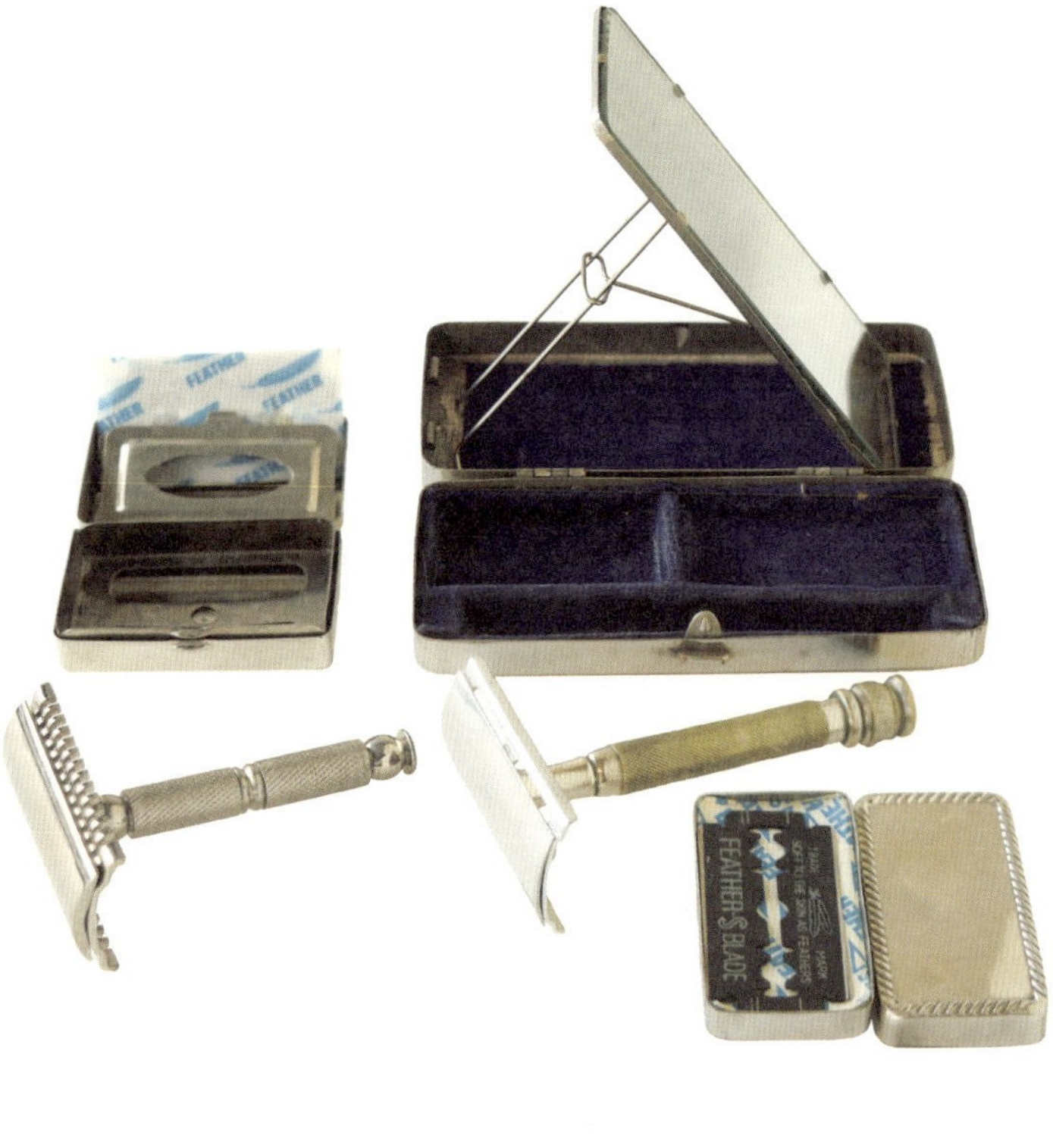

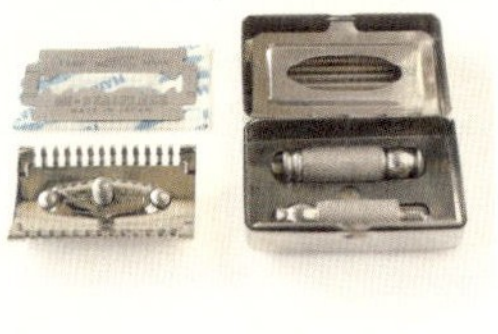

フェザー／三折れ両刃安全剃刀

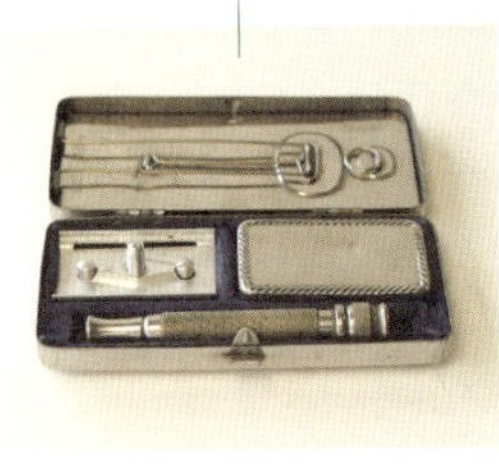

フェザー／鏡付き両刃安全剃刀

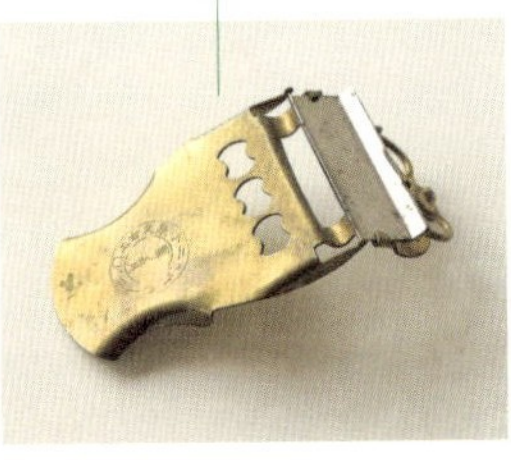

◆ 参考品
日本の安全剃刀の草分け小泉久右ヱ門

携帯コラム3

折り畳んで携帯

携帯するために最も効果的なのが折り畳むことです。折り畳むことで立体物が平面に近くなるので嵩張りを抑えることができます。そしてそのための工夫が様々に仕掛けられているのが魅力です。特にこの「畳む」というのは、日本文化では欠くことのできない概念なのです。

使用時

畳んだ時

爪のお手入れセット

使用時の写真は全部開いていますが、
実際は使う器具だけ出して蓋を閉じ
容器を持ち手として使うのです。
十得式ではないこのタイプは珍しい。

畳んだ時

使用時

折りたたみ燭台

江戸時代は、旅をするの
に照明すら持ち歩かなけ
ればならなかったのか。
40センチもある大きな
燭台も畳めば小さな平面に
なります。

畳んだ時

小田原提灯

童謡「おさるのかごや」で、
名前だけはおなじみでしょう。
下げれば円筒形の提灯になりますが、
畳めば円盤におさまるのです。

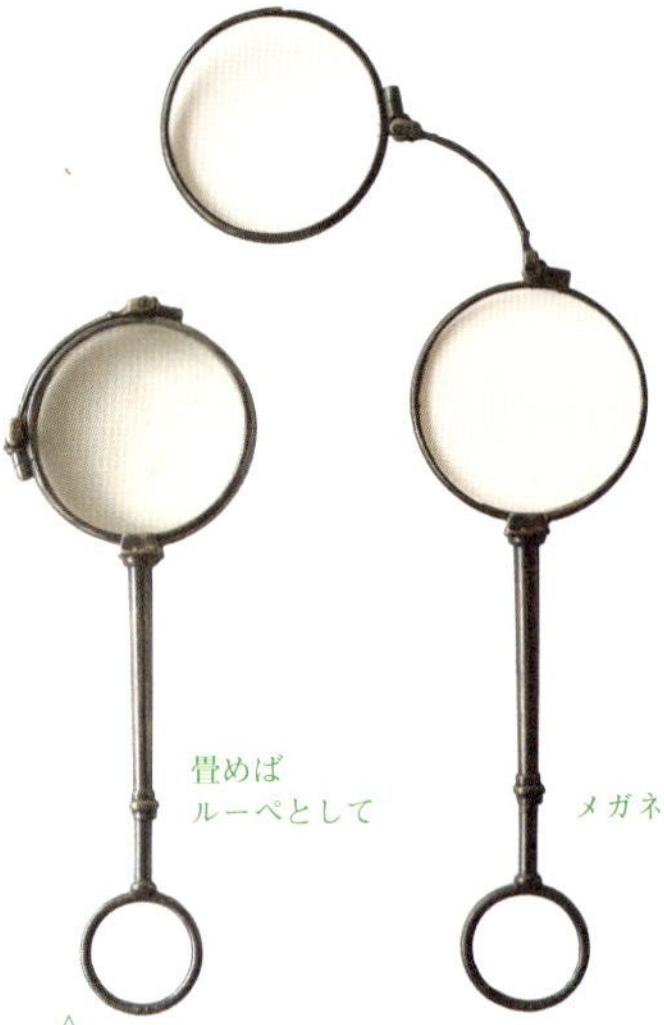

ローネット（手持ちメガネ）

ローネットは18世紀のヨーロッパの貴族が
演劇鑑賞に使用したのがはじめだそうです。
ワンタッチで広げればメガネになり、
閉じればルーペになります。

畳んだ時

使用時

オペラグラス

劇場で使うための双眼鏡です。
サイフのように畳むのはよくありますが、
初期のものは、この様に全くの骨格のみ
の双眼鏡だったのです。

畳んだ時

使用時

鼻煙壷型薬入れ

中国の鼻煙壷の形態で一辺が繋がって
4つ連続しています。
夫々に薬の名前が彫り込んであります。

畳んだ時

使用時

折りたたみ物差し

ジグザグ折の黄色い木製の物差しは
よくありますが、
これは変則折で折り目に金属を使った
とても精度の高いものです。

筆は中国殷時代にすでに誕生していたらしいのですが、その初代筆記具としての筆が三千五百年以上もの間、アジアでは形態の変化もなく、その主役をほぼ独占して来たのですから凄いものです。毛筆は文字の記号としての骨格を表すだけでなく、その痕跡で文字に様々な視覚的表現も可能であることが今まで愛されて来た所以でしょう。毛筆は、筆、硯、墨、水滴などを同時に使うのが基本ですから、必ずセットでなければなりません。この毛筆セットも使用状況によって基本形態が異なります。まず、書をしたためる基本セットである一般的な「硯箱」。そして屋内どこへでも手持ちで移動できるように機能的にした「懸硯」。次に外へでも持ち運べるようにした小型の「携帯硯」、最後には江戸時代に普及した「矢立」です。ただ、矢立は綿に染み込ませた少量の墨を使うだけですから、あくまでその場を凌ぐ為であったと思われ、むしろファッション小物としての役割もあったのでしょう。墨汁は液体であるのに、かつては完全な密閉の手段がなかったのですから外へ持ち出すのには悩まされたことと思われます。硯箱もかつては花嫁道具の一つとして立派な装飾の物も多いのですが、勿論本章では収納と携帯への工夫をこらした箱に焦点を当てています。

黒漆塗硯箱付煙草盆

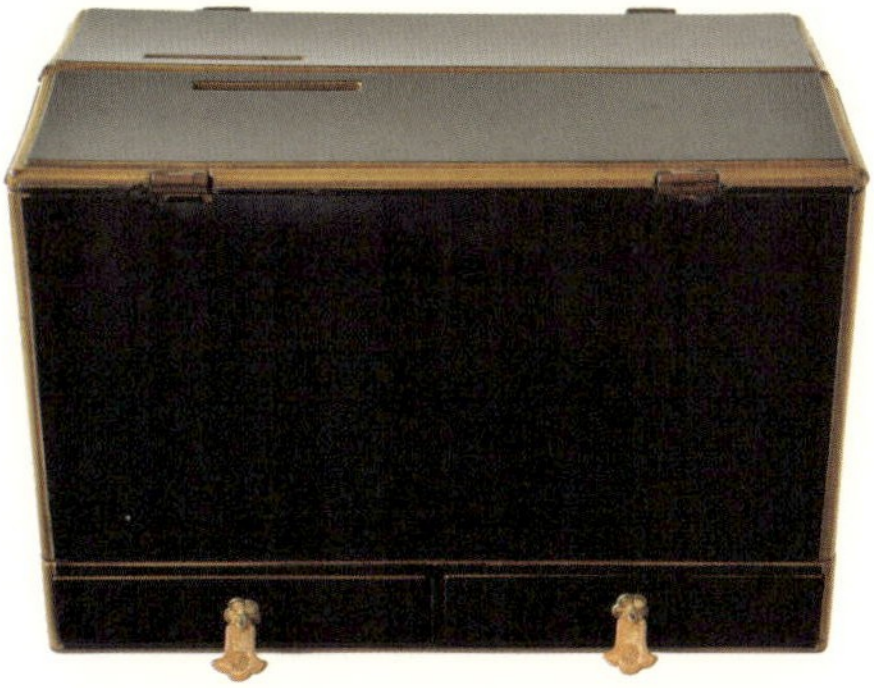

22.8cm

実に細かく工夫された美しい多目的箱です。一番上に煙草用の火入れと灰落としが設置され、箱裏下には煙管収納の細長い抽き出しがついています。最下段にはミニチュアのような硯と墨と水滴がセットされています。さらに外箱を持ち上げると新たに細かな抽き出し達が覗きます。刻み煙草を入れる抽き出しや細筆などを入れる抽き出しです。小さなスペースにからくり箱のように仕組まれた作りが見事ですが、外見もそれらを隠すかのように素知らぬ顔でスマートで美しいのです。しかしこれが本当に実用的であったのかは幾許かの疑問が残ります。

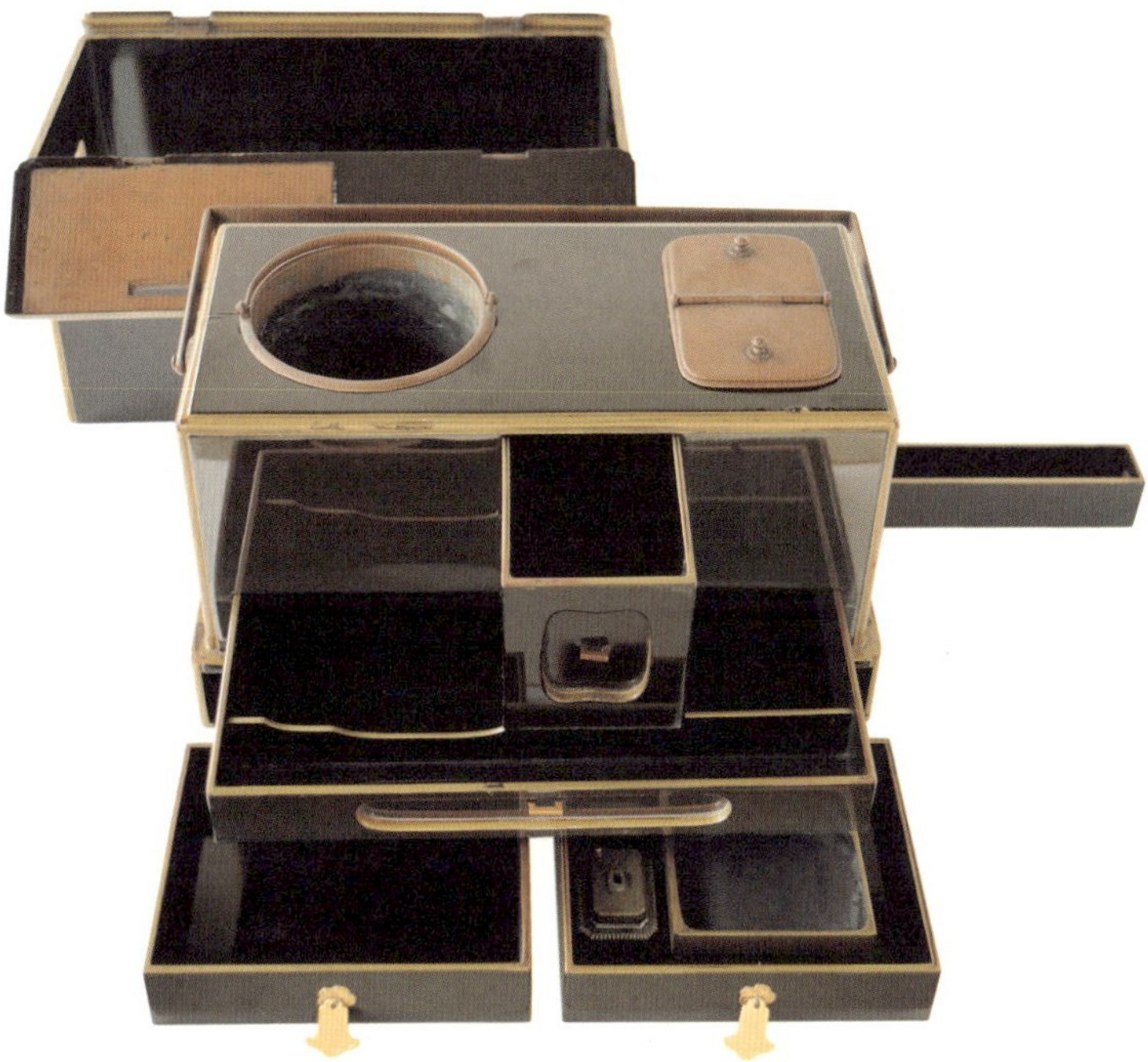

煙草盆

硯箱

外箱を上げるとさらに抽き出しが

算盤付懸硯

24cm

何かメモしようと思えば、そこら辺にボールペンの一本ぐらいは転がっている現代と違って、かつては硯、墨、筆、水が揃っていなければ何も出来なかったのです。そこで、常に硯箱を側に置いておくのがこれで、「懸硯」（かけすずり）と言い、掲載のものは典型的なタイプです。懸硯とは持ち運びが出来る硯箱といったような意味です。やがて算盤も組み込まれ、帳簿や印鑑などを入れる抽き出しもついて、時には銭箱をつけるタイプなど、日常の使用頻度の高いものを纏めて手元にと発展していきました。江戸時代には、重要な家財道具の一つとなっていました。

硯箱
算盤

春慶塗硯箱

硯箱と言えば、美術工芸品として豪華さと美しさを競うアイテムの定番でもありますが、掲載の物は至ってシンプルです。一見して側面に小抽き出しを設けた懸硯に見えますが、これは持ち運ぶためのものではなく、据え置き用です。外側を「春慶塗」で塗られています。春慶塗は飛騨をはじめ各地に産地があり、木の地肌の美しさを生かした透漆が特徴です。箱の中は朱漆で塗られ、そこに青磁の水滴が埋め込まれていて朱と翡翠色のコントラストが綺麗です。装飾を省いた清楚な美しさでありながら、凛とした佇まいをみせた逸品だと感じます。

水滴
墨壺

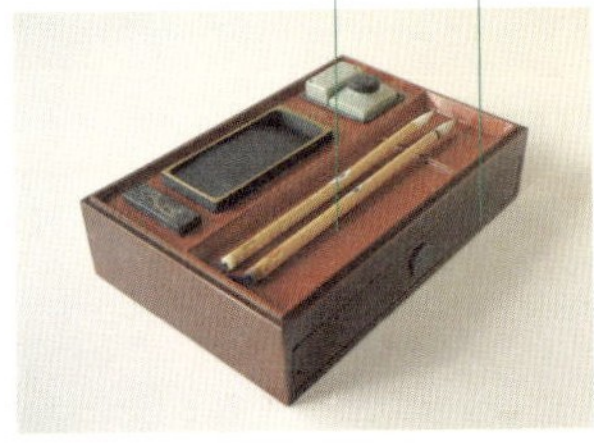
筆置
抽き出し

蓋折硯箱

14.8cm

掲載の硯箱は実用品として作られており、コンパクトでありながら書くことに専念出来るよう合理的に作られています。蓋を中折れにすることでワンタッチで筆立てが出現します。刷毛入れがあることや筆立ての本数からいって、書く事を職業にしている人のものではないかと思います。墨を入れる所に中蓋が付いている所を見ると、箱に持ち手はないものの、風呂敷などに包んで外へも持ち出せるようになっていたのでしょう。この蓋折れの形態は、小学生の頃教材用として持っていた硯箱を思い出しますが、その原型がこれだったのでしょう。

筆立て
水滴
硯
墨入れ

重硯

32　江戸〜明治時代

聞き慣れない名前ですが、重箱のように重ねた硯を重硯（かさねすずり）といいます。一般的には五段又は十段の硯箱がセットで重ねられています。なぜ同じ硯箱が大量に必要なのか、一見すると寺子屋の教材かと思いますがそうではありません。これは歌会や香席などで使われるのです。歌会では勿論短冊に歌をしたためるときのもので、香席では会場で炊かれる香の順番を紙に書いて言い当てるときです。普通は重箱のように重ねるものが多いのですが、掲載のものは抽き出し式になっており、五段の硯箱とおそらく最下段は紙や短冊を入れる所でしょう。

硯箱五段／紙入一段

各段に硯、墨、筆

手元箪笥

25cm

写真だけで見ると普通の整理箪笥に見えますが、実際は僅か25センチの小さな箪笥です。日常的に使用する小物を入れて手元に置いておくものを「手元箪笥」といい、懸硯からの延長にあるものです。上段の小さな硯は後から仕込んだようです。この懸硯がさらに発展して「船箪笥」になったとも言われます。船箪笥とは船に積載し、万が一船が沈んでも箪笥だけは浮かび上って残るよう頑丈に作られたもので、そのための装飾金具も過剰になりステイタスシンボルにもなりました。掲載のものもどこか機能を超えた装飾性があり、その前触れを思わせます。

硯
二重蓋

ミニチュアのような箪笥

携帯用算盤付懸硯

17cm

懸硯はもともと家で使うものですが、その便利さをそのまま携帯にしたのがこれです。見事に合理的に凝縮されたこの配列に感嘆するばかりの逸品です。これだけの機能を詰め込んでも厚さ僅か3cmです。筆蓋や中蓋を付けている所も心憎い気配りです。外での使用と言えば行商人などを思い浮かべますが、硯や金具に見るかくれた装飾を見る限りでは、もう少し上流の商人か外回りの下級武士あたりのものかもしれません。小刀や千枚通しなども組み込まれている所を見ると、旅先で紙を綴じ合わせて帳簿を作るなどの作業も見込んでいたのでしょうか。

算盤
筆蓋
中蓋
墨硯
朱墨硯
朱肉
中蓋が裏に回込む
小刀
千枚通し

扇子型矢立

19.3cm

矢立と言えば、江戸時代よりの携帯筆記具の定番でありそればかりでなく粋な装飾品でもありました。筆と墨壺がセットされていて、墨壺には綿にしみ込ませた墨汁がはいっており、使用時には墨壺の綿を突いて墨を滲ませて筆に浸して使います。通常は帯に差して歩けるように筆の入る部分は筒状になっているのですが、これはどちらかと言えば筆箱状になっています。扇子の形はとっているものの、筆先が乾かないようにキャップ状のものが付いていたり、ペーパーナイフが付いていたり、矢立てにしてはかなり実用性を考慮したものと考えられます。

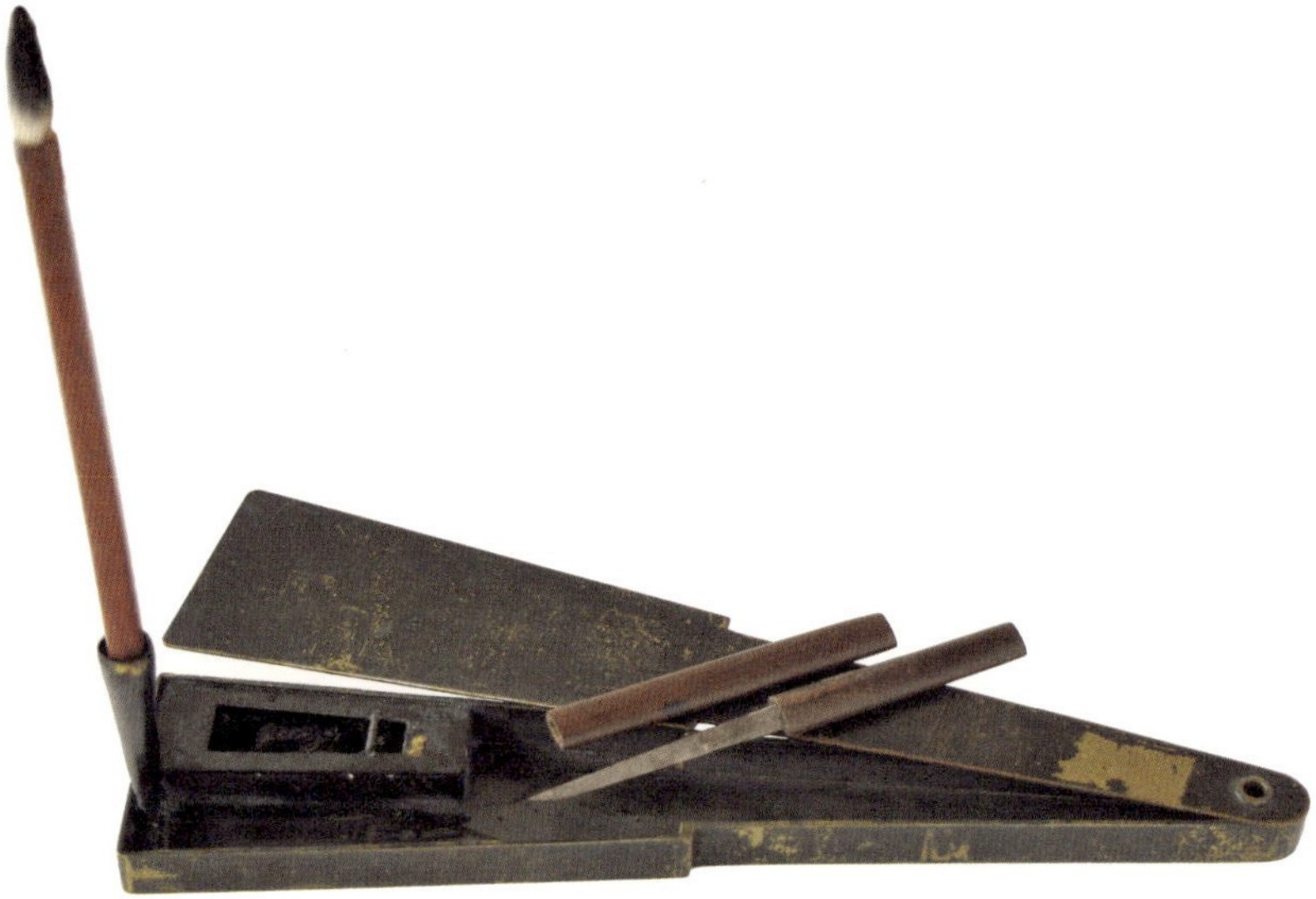

◆ 同類参考品

携帯用墨朱硯

煩雑な書の道具も実に合理的にコンパクトに纏めた黒と朱の二色の硯箱です。箱の厚さも限界まで薄くし、木製でありながら、蓋はキッチリと裏に回して折り畳めるよう二重蝶番になっています。朱墨と言えば、習字の先生が上から手なおしを朱で書き込んでくれたのを思い出します。赤い色の元になる朱（丹ともいう）は貴重な辰砂などの鉱物を原料としていたので、江戸時代以前は一般人の製造は禁止されていたとのことです。朱墨を書き入れるのは、文筆家が添削や校正をする時や注釈を入れる場合ですが、行商人が帳簿に使うこともあったようです。

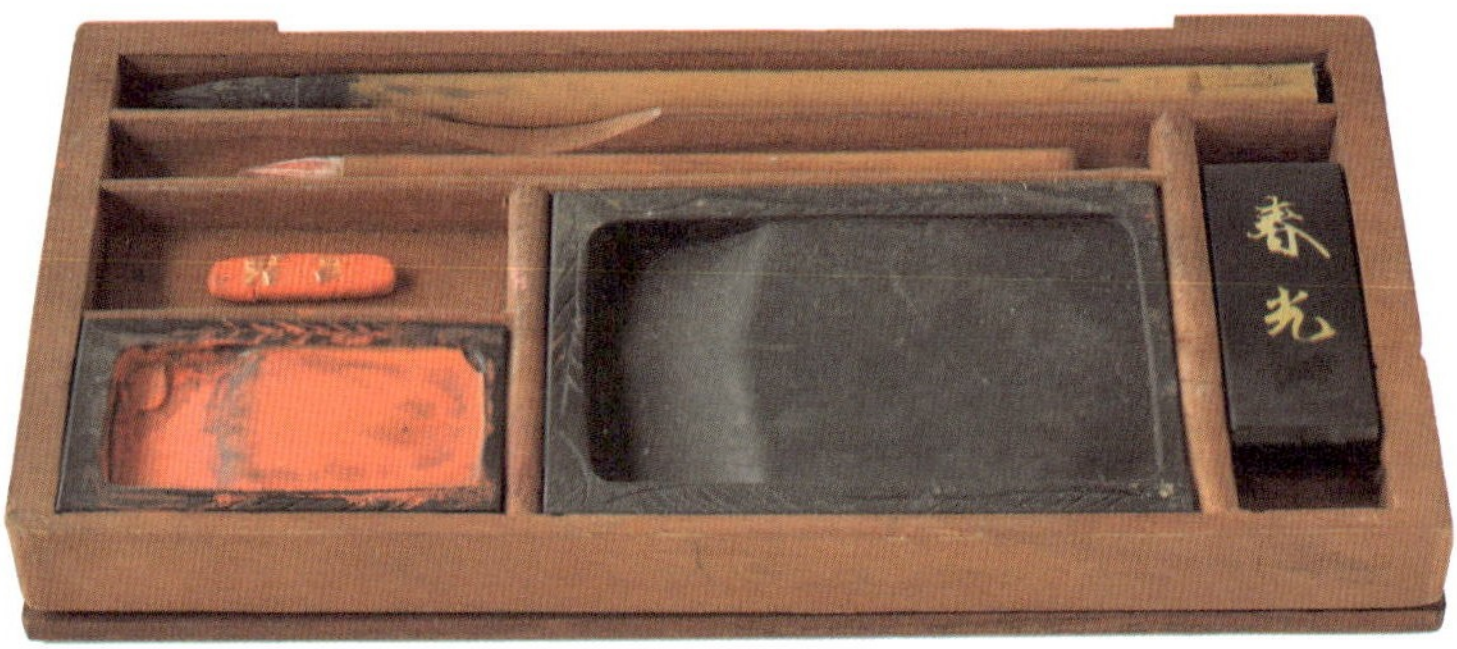

◆ 同類参考品

携帯用磁器硯

硯を携帯する際には、まず水で墨を磨る所から始めなければならず、即座に書き始めるには難があります。そこで発案されたのがこの硯です。一旦磨って使い残した墨汁をワンタッチで墨壺に戻すことができてコルク栓でふたを締めれば携帯にも対応できます。再び使用する際には、墨壺から墨汁を出せばいいので即座に書き始められます。何とも便利で経済的なリサイクルシステムです。硯が磁器製になっているのは、物資不足の時代だったからか、複雑な構造に応えられるためだったのかはわかりません。でもなぜ厚生硯と書かれているのかは不明です。

PA・267691

コルク栓
墨壺／使用時に硯海に出す

使用後に墨壺に戻す

蓋はスライド式

携帯用真鍮硯

携帯硯の究極と言っていいのがこれでしょう。硯本体の中に墨汁が蓄えられるのですから。その上、残った墨汁を移し替える手間すらなく、下の穴から吸い取ってくれて、右の空気穴のキャップをしっかり締めれば逆流することもないのです。真鍮ですからそのまま墨が磨れるわけではなく、磨り面にザラつきを施してありますが、早く摺りたい場合は自分で傷をつけてザラつきを増やせと説明書に書いています。また硯海に庇があるので、子供でも墨汁が飛び散りにくいというのも利点だそうです。でも、残念ながらこれが普及したとはとても思われません。

密閉蓋

取扱説明書

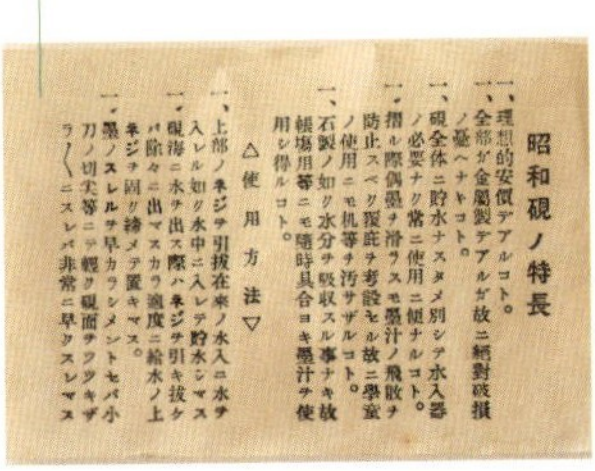

昭和硯ノ特長

一、理想的安價デアルコト。
一、全部ガ金屬製デアルガ故ニ絶對破損ノ憂ヘナキコト。
一、硯全体ニ貯水ナスタメ別シテ水入器ノ必要ナク常ニ使用ニ便ナルコト。
一、擂ル際偶墨ヲ滑ラスモ墨汁ノ飛散ヲ防止スベク覆庇ヲ考設セル故ニ學室ノ使用ニモ机等ヲ汚サザルコト。
一、石製ノ如ク水分ヲ吸收スル事ナキ故帳場用等ニモ隨時具合ヨキ墨汁ヲ使用シ得ルコト。

△使用方法▽

一、上部ノネジヲ引拔在來ノ水入ニ水ヲ入レル如ク水中ニ入レテ貯水シマス
一、硯海ニ水ヲ出ス際ハネジヲ引キ拔ケバ除々ニ出マスカラ適度ニ給水ノ上ネジヲ固ク締メテ置キマス。
一、墨ノスレルヲ早カラシメントセバ小刀ノ切尖等ニテ輕ク硯面ヲクツキザラ〳〵ニスレバ非常ニ早クスレマス

上記写真の右上奥に墨タンクの穴がある

携帯用伸縮筆付硯

6.6 cm

楕円の容器に収納筆と言うと、一見して紅板か黛のようです。筆を縮めて収納するという発想は化粧品ではありますが矢立ではあまり見かけません。真綿に墨を染み込ませた墨壺がいくら小さくても筆だけは通常の長さを持っていた日本の矢立は、筆筒を帯に挿すので短くする必要がなかったのです。掲載のものは真鍮製でおそらく中国のものと思われ、アイデアが複合されたのかもしれません。中国では帯には挿さないので、携帯するのにはできるだけ小さくする必要があったのでしょう。硯まで容器に合わせて楕円にしたところがとてもユニークです。

手の平の先に乗る小ささ

使用時の筆

収納時の筆

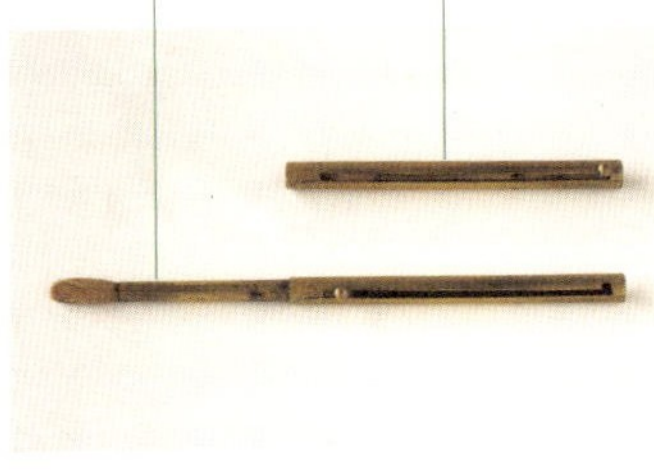

携帯用ブリキ製墨朱硯

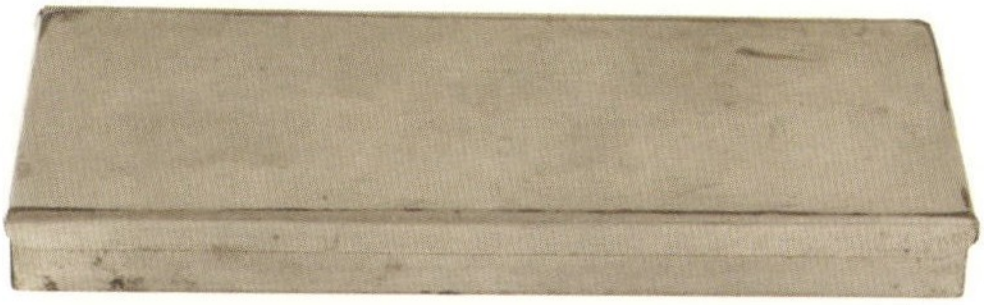

硯と言っても墨の硯は綿に墨汁をしみ込ませたものなので、硯というより矢立の仕組みですが、矢立と異なり帯に刺せなく実用本意の筆箱になっています。上のものは、朱墨だけが硯になっているのですが墨を入れる所がないので硯面に塗り付けておいたのでしょう。印鑑の朱肉もセットされており、箱の背の筒状の所に筆が収納されるよう設計されています。下のものは硯もザラメ塗装を施したブリキ製です。使い残しの墨がそのまま横穴の空いた墨壷に流し込める工夫で特許となっています。いずれも筆からペンへ移行する過渡期のものでしょう。

墨壺　朱肉　朱墨硯　筆入れ

背の丸みが筆入れになる

◆ 同類参考品　この針金は筆立てか？

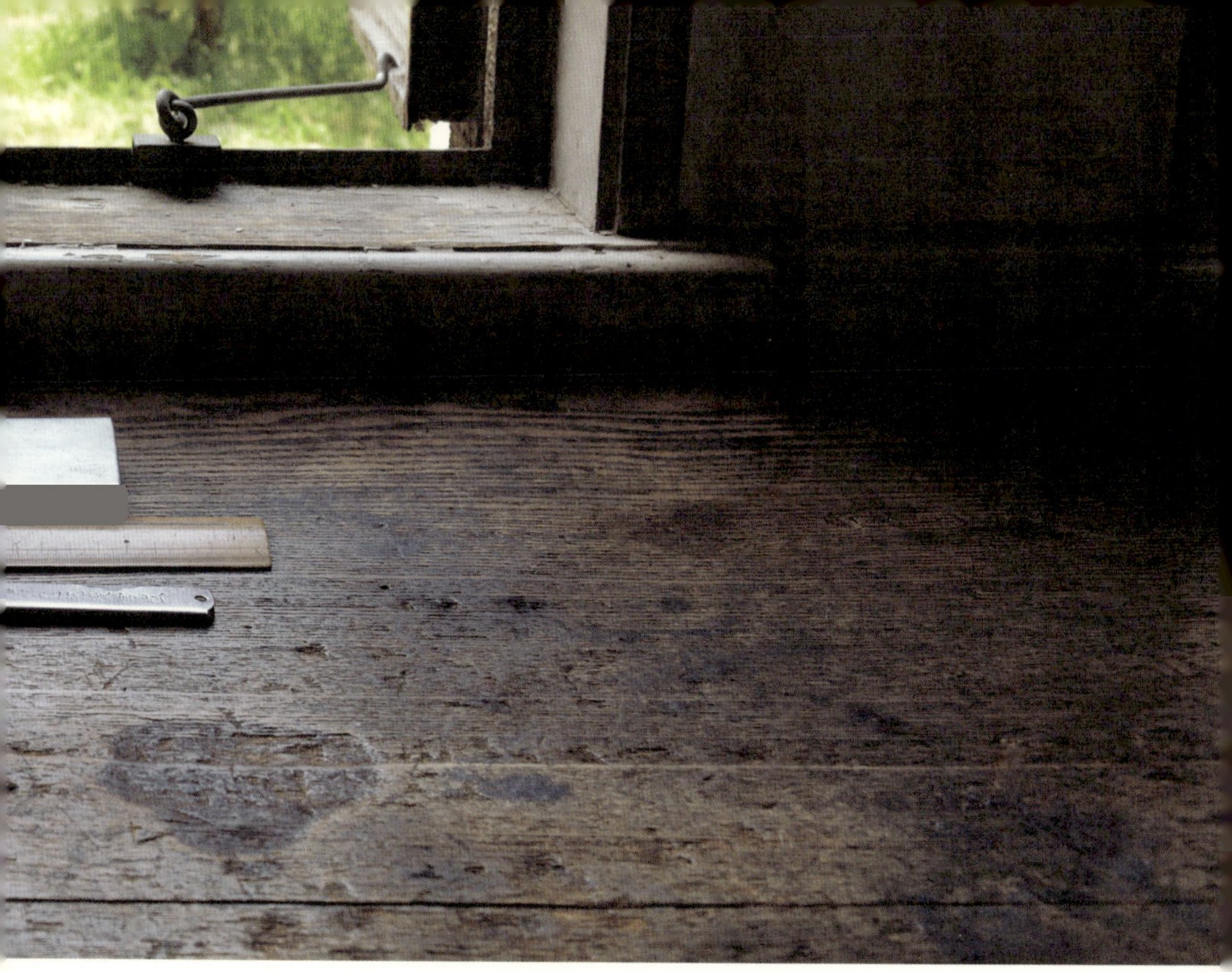

四章
文具

毛筆から筆記具の主役の座を奪ったのはペンです。ヨーロッパでは葦ペン、羽根ペンなどが筆に並ぶ歴史を持っていますが、日本に輸入されたのは明治4年にイギリスからでした。それはまだ万年筆ではなくつけペンで、インク瓶にペン先を浸しながら書き、摩耗すればペン先を付け替えるタイプです。その行為は墨と筆に似ているのですが、先が細いので細かな事務帳への簿記には適しています。これも職業によって様々なタイプがあり、一般のスプーンペン、マンガ家は丸ペン、柔らかい文字を書くならガラスペン等様々です。製図を書くには「烏口」という線引き専門の精巧なペン（道具）を使います。かつては学校の職員室にしろ役場にしろ、事務所と言われる所にはどこにでもインクの染みがついていたものです。また、職員室で思い出すのはガリ版刷りのプリントです。あのわら半紙とインクの酸っぱい匂いが脳裏に甦る方も多いでしょう。コピー機もなかったあの時代には、毎日ガリ版の原紙をガリガリと書くのが教師の仕事でした。そして、それら文具には全て、より使い勝手を良くする為とか、散逸しなく収納する為、携帯する為など、それぞれの要求に応じて様々に工夫された箱があり、そしてまた、書斎の卓上の友として愛される箱があったのです。

算盤付筆記具箱

10.8cm

筆記具や算盤を仕込んだ箱と言えば84ページの「算盤付懸硯」のまさに後継の道具箱と言えます。筆や硯の変わりにペンやインク壺が入っています。ただ、この場合は、抽き出しではなく多層のトレイになっています。葉書や切手、印紙等の収納場所が用意されていることから、目的が手紙や葉書を書くことを中心に考えられているようです。勿論算盤があるのですから帳簿作業や諸々の日常筆記に応えるようではあるのでしょう。ペンは目的によってペン先が替えられます。掲載のものは右から最も一般的なスプーンペン、ガラスペン、Gペンの順です。

POST CARD
HB

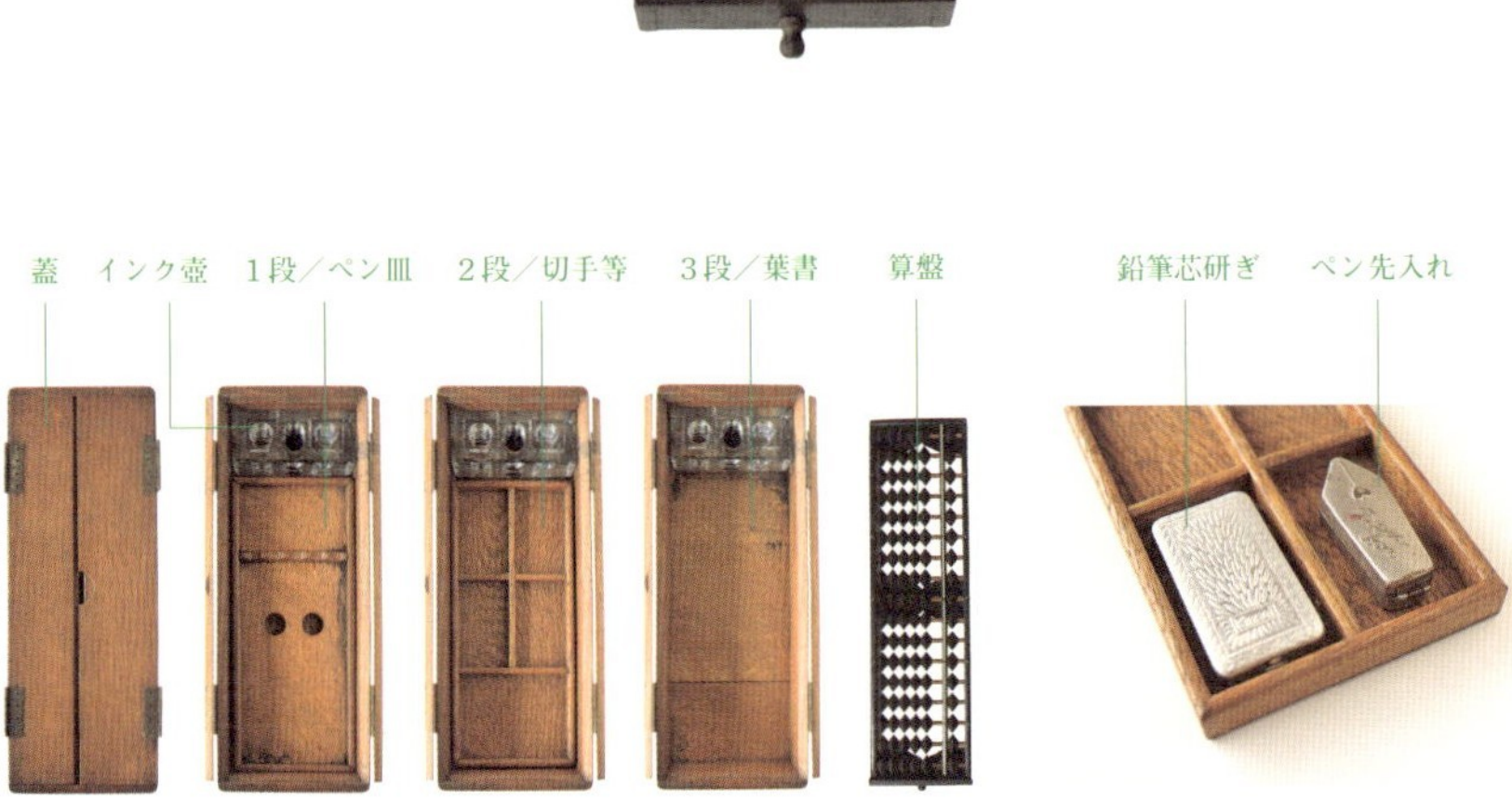
蓋
インク壺
1段／ペン皿
2段／切手等
3段／葉書
算盤
鉛筆芯研ぎ
ペン先入れ

手紙用文庫

筆記具は入っておらず、葉書や切手などを入れておく文庫タイプの箱で、ペーパーナイフもセットされています。そして手紙用としては便箋ではなく巻き手紙用紙なのです。紙は奉書や雲竜等の和紙を使います。今では時代劇ぐらいでしか見ることはなくなりましたが、かつて毛筆で手紙を書こうと思えばこの巻き手紙で書いていたのです。蓋の裏は白い封筒を挟むようになっています。御即位記念と書いてあるので昭和天皇即位の時のものでしょう。神代杉の焼印がありますが、これはそうではなく、色と香りから察するに吉野杉であろうと思われます。

ペーパーナイフ
封筒入
葉書
切手
下段巻き紙

本型の葉書文庫

16cm

外見が本の形をしている桐製の文庫です。本形の隠し箱は西洋ではよく見かけますし、この本の形状も洋製本ですから西洋の影響でしょう。抽き出しの取手が上でなく下に付いているので本棚に収納すのではなく、あくまで平置きを想定しています。中は葉書や切手を入れるところがありますがインク壺がないところを見ると、万年筆の時代になっていたのでしょう。包み紙に「通信セット」と記してあります。持ち主が描いたと思われる椿の絵柄に、品ある女性のセンスが偲ばれます。舞妓の絵がある木札の様な物は、このまま郵送できる京土産絵葉書です。

木製絵葉書　万年筆

◆ 同類参考品

塗装とプリントを施してより本らしく

底を斜めにして切手を取りやすく改良

シャッター式ペン箱

16.5cm

店舗やガレージのシャッターのような蓋になっているのが特徴の筆記具の箱です。とは言っても上部で巻き上げているのではなく、底が二重底になっていて、そこへ回り込むように作られているのです。箱の上面が微妙な有機的ラインの形状になっているのが昭和のモダニズムを感じさせます。インク壺がありますが、多分そこにも蓋があったのでしょう。インク壺は大抵赤と青の二つがセットになっているものなので、ペンも青インク用と赤インク用の二本が必要なのです。葉書を入れていますが単なるメモ用紙を入れていたのかも知れません。

シャッターは二重底の下に収納

移動用事務用品セット

45　昭和初期

筆記道具が毛筆からペンへ移行する過渡期の産物です。両方がセットされたバッグになっていますが、前出のような個人の卓上の為のものではありません。毛筆用一式とペン書き用一式の他、大量の書類を裁いたり切手を貼ったりするためのスポンジ壺や糊の瓶など、事務用品セットになっています。抽き出しには重要書類の為に鍵がかかります。結構大きいものなので、携帯するのではなく、催事などの時に持ち出す移動用事務用品です。また、これらは収納するためだけではなくその場で開いたまま使用出来るよう平たく並べられているのです。

各道具の配置が示された窪み

レトロな不易糊瓶　インク壺　水スポンジ

教材箱

46 江戸時代末期〜明治初期

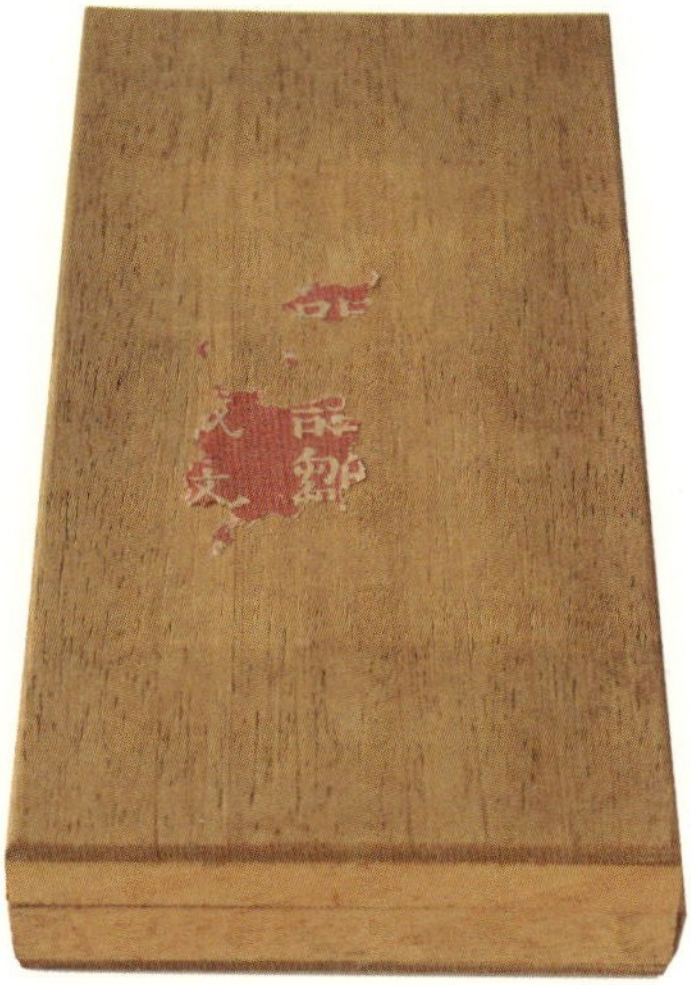

8.9cm

かなり古くて珍しい教材です。初等教育用ですが、理科、社会、算数、国語などの区別なく混在したテーマでそれぞれカード式になって、色刷り木版で刷られています。積み木のような木片が沢山入っていますが、これは実は基本幾何学形態の模型なのです。確かに絵で見るより実物を触った方が明らかに理解が早いでしょうし、円錐や四角錐などが生活空間の中にあまり存在しなかった時代、線画の図形では認識し辛く、模型に委ねるのが一番だったのでしょう。こんな小さなものでも、子供にとっては未知の概念の入り口になったのですね。

多色木版刷り絵教材

平面幾何学図形

立体幾何学図形

◆ 参考品　木彫卵の入れ子玩具

製図器

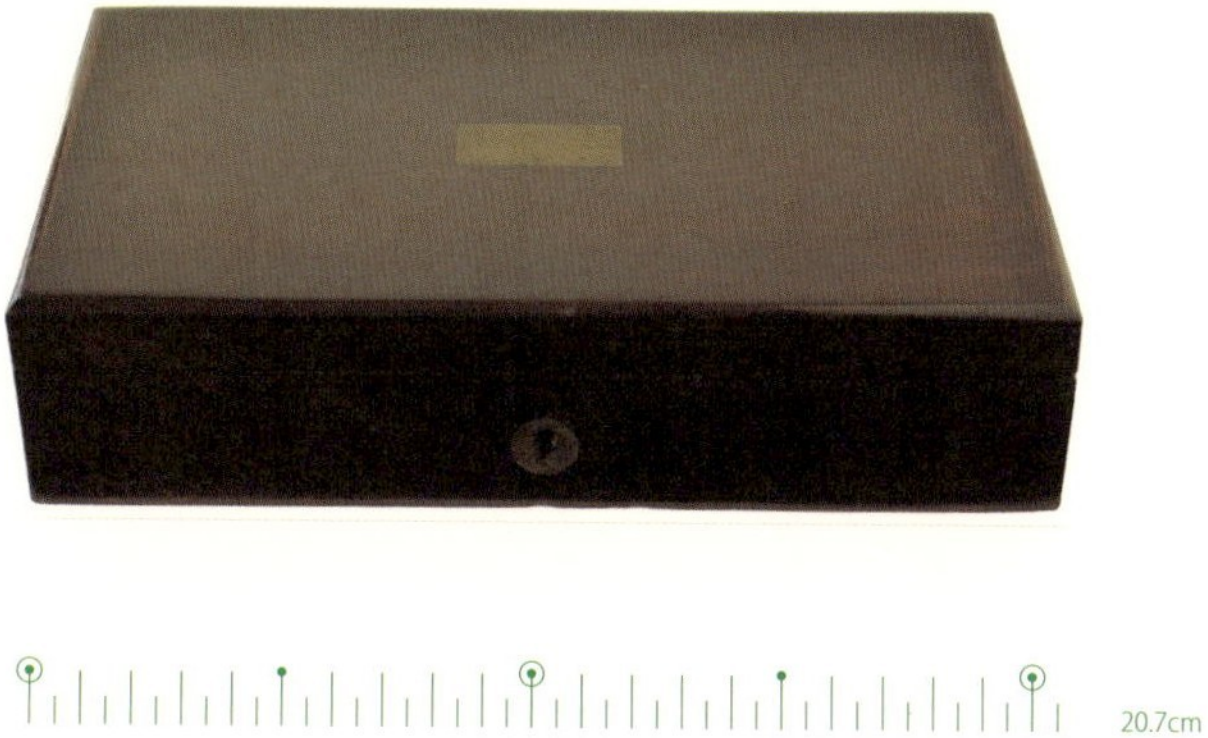

コンパスやデバイダーなど製図を書く時に必要な道具セットです。以前はグラフィックデザイナーも印刷のための版下を書くにはこの道具が必須でした。英国式と言われるこの器具は、私の父が学生時代に使っていたものと私の学生時代のもの、現代のもの、それらが全て寸分違わないロングセラー商品です。この中に「烏口」という線引き用の器具がありますが、線の太さを正確に調節でき、砥石で研げば常に極細の綺麗な線が引けます。掲載のものはそれらの中でも器具のフォルムも美しいハイグレードなセットです。三角定規や雲型定規も全て木製です。

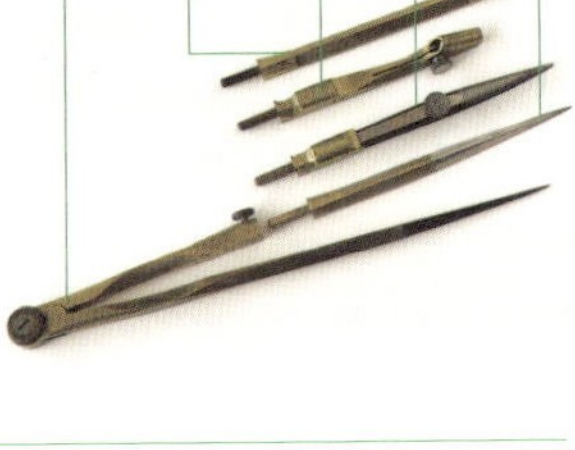

◆ 同類参考品　ロングセラー英国式コンパスセット

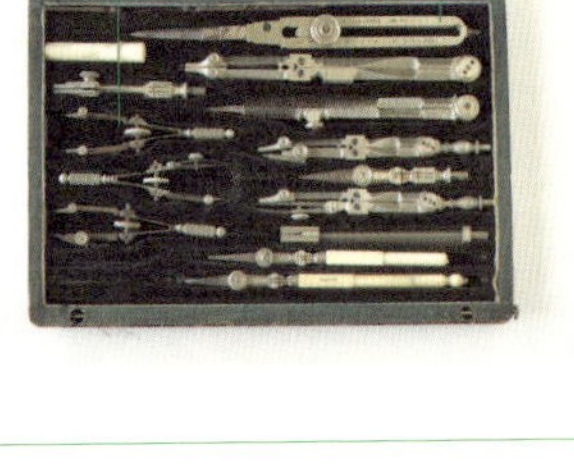

謄写版

25.5cm

コピー機もワープロもなかった時代、最も手軽な印刷手段がこの謄写版、またの名がガリ版でした。機械など必要とせず安価でどこでも使えます。シルクスクリーン印刷と同じ孔版ですが、原紙の鑞を塗った紙をヤスリ板の上に載せて、尖った鉄筆で文字や絵を書けば、そのまま印刷版になります。その時にガリガリと言う音がするのでガリ版と呼ばれるのです。枠に嵌めて上からインクローラーを転がせば下の紙に印刷出来ます。手軽なので学校での配布物や試験の答案用紙は全てこれでした。掲載のものはコンパクトにしたものなので、葉書専用でしょう。

インクローラー

インク練板
シルクスクリーン／この裏に原紙を貼る

筆箱

今ではペンケースと言いますが、昭和生まれはやはり筆箱です。と言っても既に筆ではなく鉛筆を入れていたのにです。昭和30年代はじめ頃には、掲載のような金属製の筆箱を持っている友達がまだいました。大体がこのような中折れ式の蓋でした。先生が言うには、戦争が終わったら飛行機などを作っていた軍需工場がいきなり仕事が無くなったので、余っていたジュラルミンなどの機体材料を単純に切っただけのしたじきなどを作っていたのだと言っていました。この金属箱もそうだったのかもしれません。この後セルロイド製の物が普及していきます。

TOMBOW

肥後の神（鉛筆を削るための小刀）

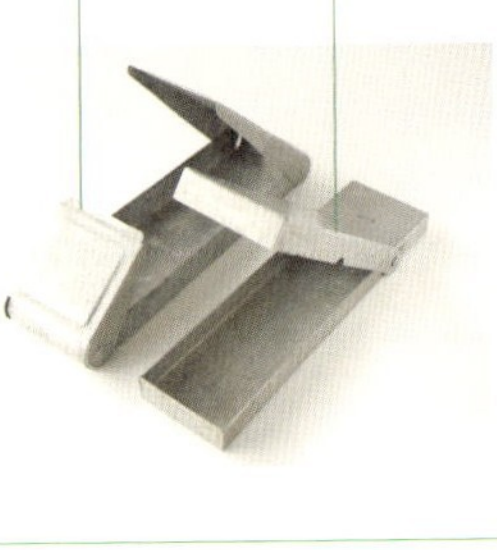
両開き蓋
片開き蓋

日付活字

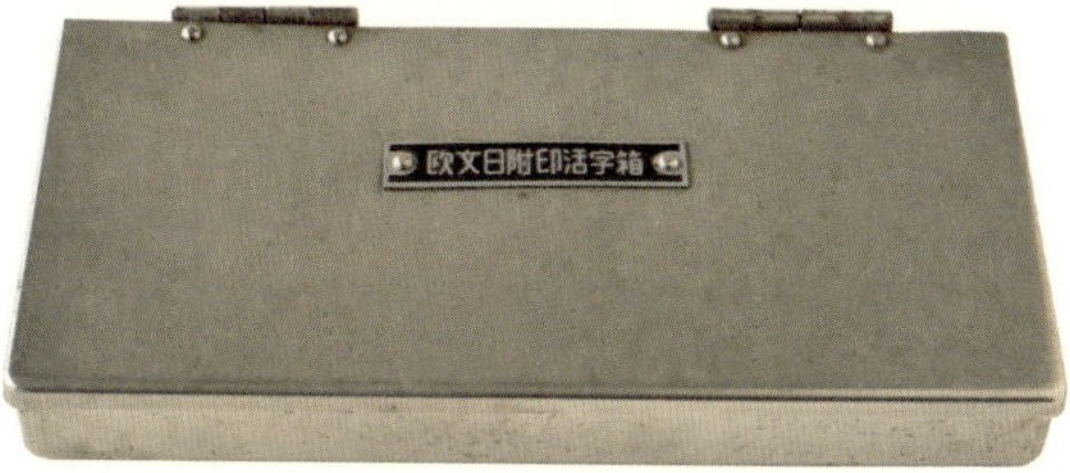

16.4cm

日付スタンプは、今ではゴムベルト式になっており、ツマミを回して数字を変えるのが一般的です。それ以前は次ページ右下のようにゴム活字をピンセットで摘んで並べていました。掲載のものは鉛活字ですからスタンプではなく印刷用です。日付部分のみがセットになっているので、既成の書類への刷り足しのためのものではないかと思われます。セットの中にある丸形に組まれた活字に、局名としてSHINGU・JAPANと読めます。そういえば郵便局の消印のようにも見えます。だとしたら新宮局は和歌山と福岡の両県にあるのでどちらかでしょうか。

局名活字ブロック

◆ 同類参考品　検印スタンプセット

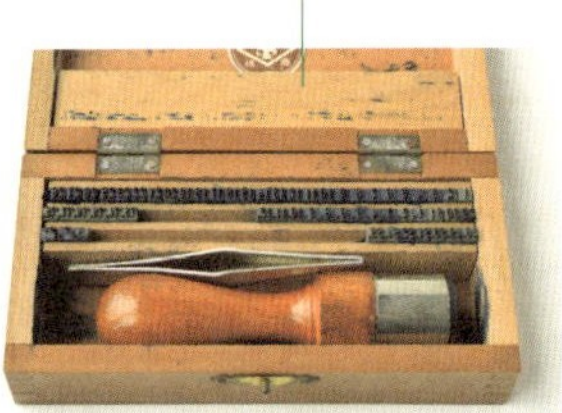

日付ゴム活字

記号スタンプ

15cm

記号スタンプ入りの箱です。電気配線記号のようなものや天気記号のようなものがあり、いづれにも徹底していないので何の業種なのかが判別つきません。ただ記号というよりイニシャルのようなものが多いので、ある企業内で事務合理化のために作られたものなのかもしれません。珍しいのはゴム印ではなく全て木彫りであるところで、手間はかなりかかっているようです。左ページ右下のものはさらに珍しい磁器製のひらかなスタンプです。書体が行書なので玩具ではないと思われますが、では、事務目的なのか、これも判断が難しい所です。

木刻記号文字スタンプ

◆同類参考品　磁器製文字スタンプセット

ひらかな

文具　第4章

携帯用インク壺

52　昭和初期

硯と筆の時代から幾分運びやすくなったとはいえ、やはり液体を携帯するのにはそれなりの装置が必要です。インクは液が漏れやすく、一旦漏れれば服も鞄もいっぺんでダメにすると言う一番厄介な結果を生んでしまいます。そこでこの掲載のものは、ガラスの蓋で密閉の上金属の蓋をし、さらに針金状のロックをかける仕組みです。そのロックを外したらそのままペン置きになるというアイデアもよくできています。右下の単体瓶の場合は、コルク栓をした後アルミキャップで閉じる様になっています。ペンはペン先さえ外せば裸でも持ち運びは容易です。

2色のインク瓶が入ってこの小ささ　◆同類参考品　ペン先型ペン先入　アルミケース入インク瓶

携帯コラム4

アクセサリー化

日常的に携帯する小物も他人から見えるようなものであるなら、その機能よりも徐々にその形状にこだわるようになってきます。かくしてそれがいつしか本来の目的を失い、装飾品となってしまう、あるいはその作りに凝ってコレクターズアイテムになってしまうことがあります。

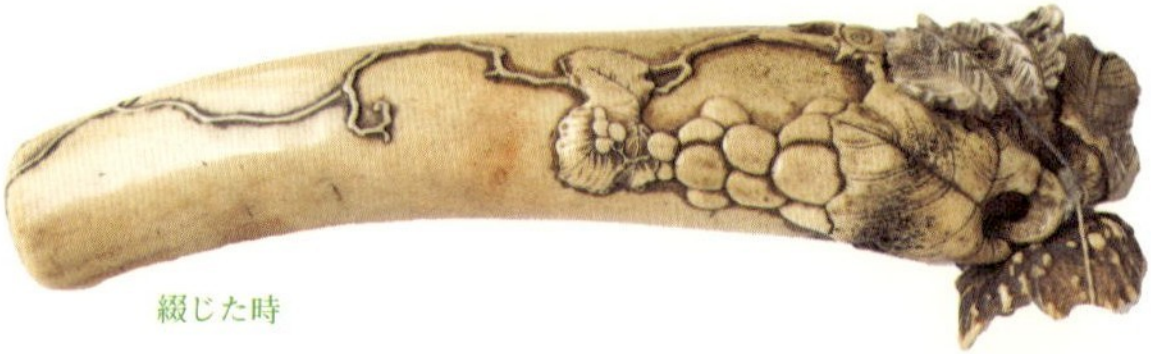

綴じた時

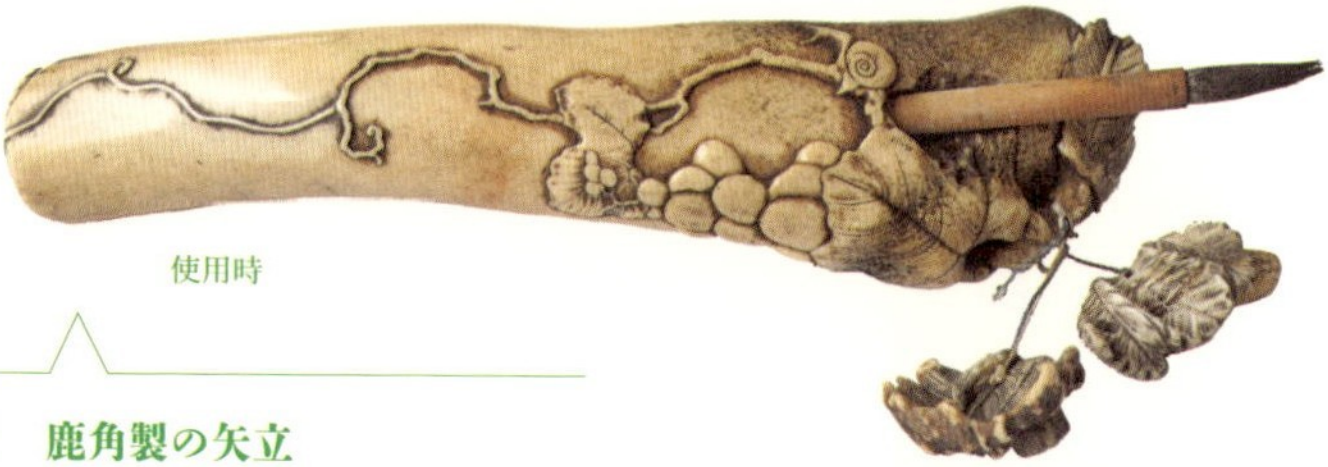

使用時

鹿角製の矢立

矢立は帯に刺すコンパクトな携帯筆記具のはずですが、
これはどう見ても携帯するのには
不合理な形です。
鑑賞を目的としたのでしょう。

印籠

水戸黄門のドラマで知られています。
元は印鑑を入れるためだったのが、
のちに薬入れになりました。でも、
その後殆どは華美な装飾の
アクセサリーになっていきました。

喫煙具

煙管と刻み煙草がセットになった携帯用です。華美なものも多いのですが、
これは藤を巻きつけただけだけど機能的なユニークなアイデアものです。

象牙の鼻煙壺

中国の嗅ぎ煙草を入れるための器ですが、
これはどう見ても入れるスペースが
殆どありません。
彫られているリスの大きさは1.4cmです。
鼻煙壺は装飾を工夫した工芸品であり、
コレクターズアイテムの定番になっています。

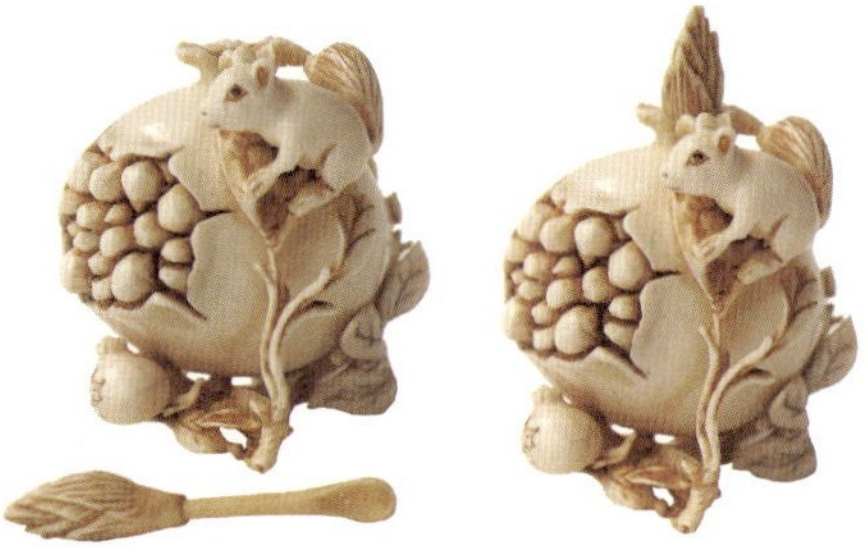

蓋を開けた時　綴じた時

開いた時　綴じた時

コオロギ入れ

中国ではコオロギを飼って、その鳴き声を
自慢又は競わせたりする習慣があります。
これはその中でもとても小さくした箱で、
紫檀による実に精巧な作りと
繊細なレリーフが彫り込まれています。

銀ケース入り薬瓶

銀製で豪華な彫刻が施されているケースで、
イタリアのものです。
吊り下げる様になっていて、中に持病の
薬を入れて持ち歩いていたのでしょうか。

綴じた時

開いた時

火薬壺

火縄銃のための火薬を入れるものです。
螺鈿細工などの装飾が施してあります。
戦場で使うにしては派手ですね。

想像

子供の頃、親戚のおじさんが来て、おしゃべりしながら、煙管に煙草の葉を詰めては火をつけてすぐに捨て、それを繰り返しているので、「うまく火がつかないのかな」と思っていましたが、実は煙管とは2〜3服吸っては詰め替えるものなんだということが後で分かりました。でもその作業の全てがくつろぎの行為だったのでしょう。さて、娯楽といえば現在ほどそのバリエーションが多い時代はないでしょう。日々の労働は生活の為というより、レジャーの為と言わんばかりです。かつて日常の娯楽といえば、酒と煙草くらいが主でしたから、それらのための様々なグッズも多く今に残されています。最近では飲酒率も喫煙率も減って、もっぱら旅とグルメにその座を奪われているようです。道具というのは必要に対しての機能から生み出されるものですが、娯楽や趣向品には機能を超えたゆとりを楽しむ工夫が施されています。そしてそれらの工夫や美意識による拘りが様々な文化を成熟させてきたのだとも言えます。それら収納の箱にはオブジェの視点から装飾性や高い技術に拘り工芸美術品へと昇華させる場合と、もう一方は遊び心を持って工夫された仕組みや機能性を持ったアイデア豊かな場合とがあり、本章で取り上げているのは勿論後者のものたちです。

携帯蓄音機

11.6cm

私が幼稚園の頃、「結んで開いて」などのお遊戯はまだ手回し蓄音機を使っていました。曲の後半でゼンマイが緩くなると曲のテンポもだんだん遅くなって、終いには止まってしまうのです。それもポータブルでしたが、さらに極小にしたのがこのミッキーホーンです。屋外での行楽用に作られたのですが、小型化の工夫と努力が伺えます。小ささくても鉄の塊なので、かなりの重量はあります。初期のレコード盤で「SPレコード」と言う1分間に72回転する盤を使います。電気は全く使っていないのですが、体育館に響き渡るほどの大音量が出るのです。

替の金属レコード針／竹製もある

SPレコード盤

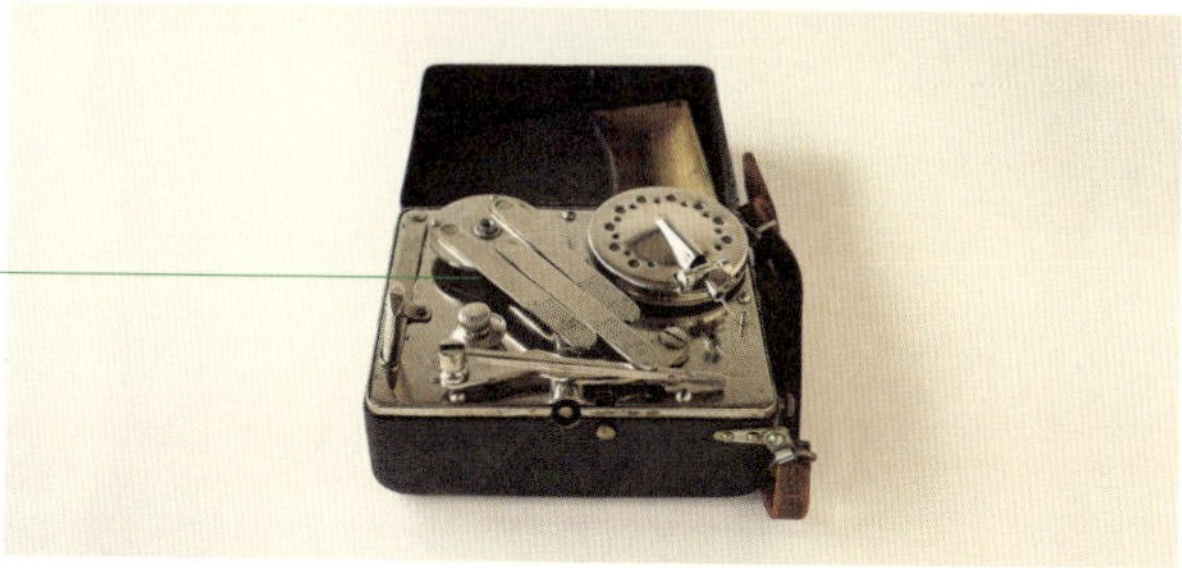
全て折り畳んだ状態

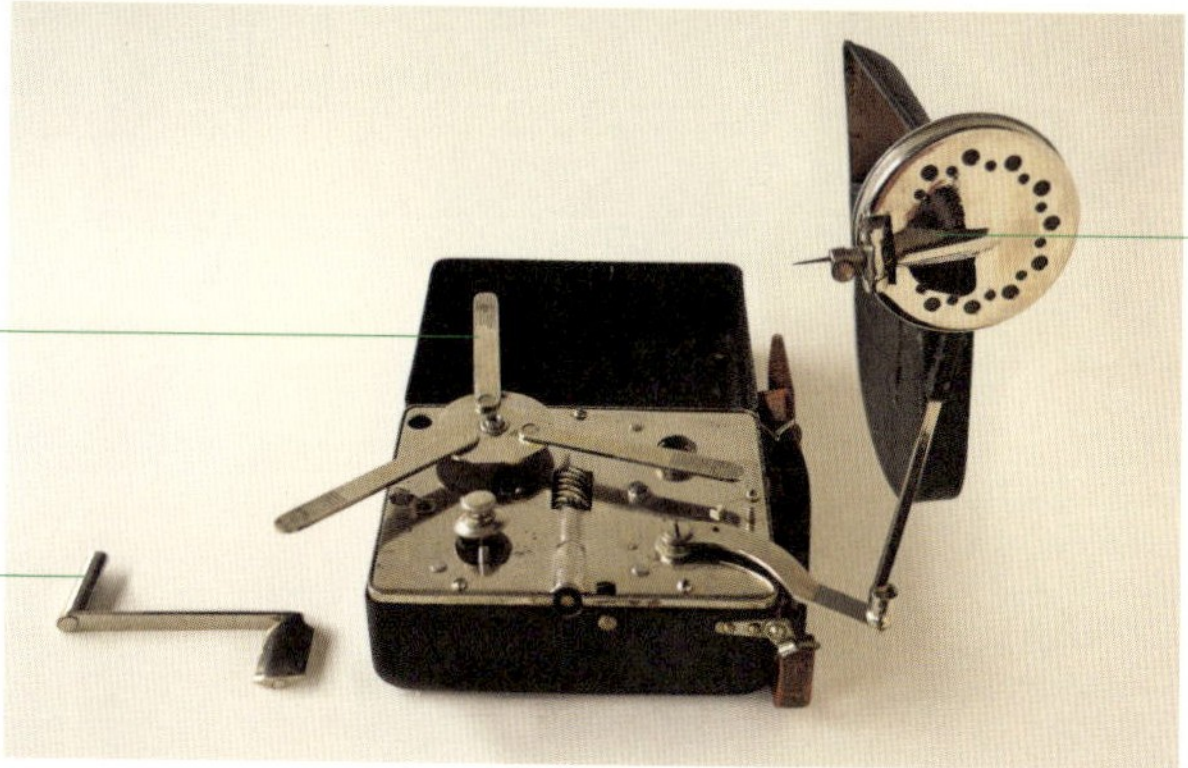
ピックアップヘッド
ターンテーブル
ネジ巻きハンドル

SPレコード盤
ホーン

家庭用据え置き型蓄音機（ホーン内蔵型）

黒漆塗手提げ煙草盆

15.8cm

喫煙道具のような趣向品は、機能性だけではなく、様々な装飾工夫を凝らした物を持つことでステイタスシンボルにもなっていました。豪華さを競った大名用のものは際限がありませんが、この黒漆塗りの手提げ煙草盆は、外見に派手な装飾がなくシンプルな箱です。しかし、開けば火入れ灰落としなどに繊細な彫金が施されています。普段見せない所にこそ凝った造りを楽しんだ江戸の粋に通じるものを感じます。また、閉じた時のスマートさや取っ手の使い勝手などにも、制作者の卓越したセンスを伺い知ることができる逸品だと言えます。

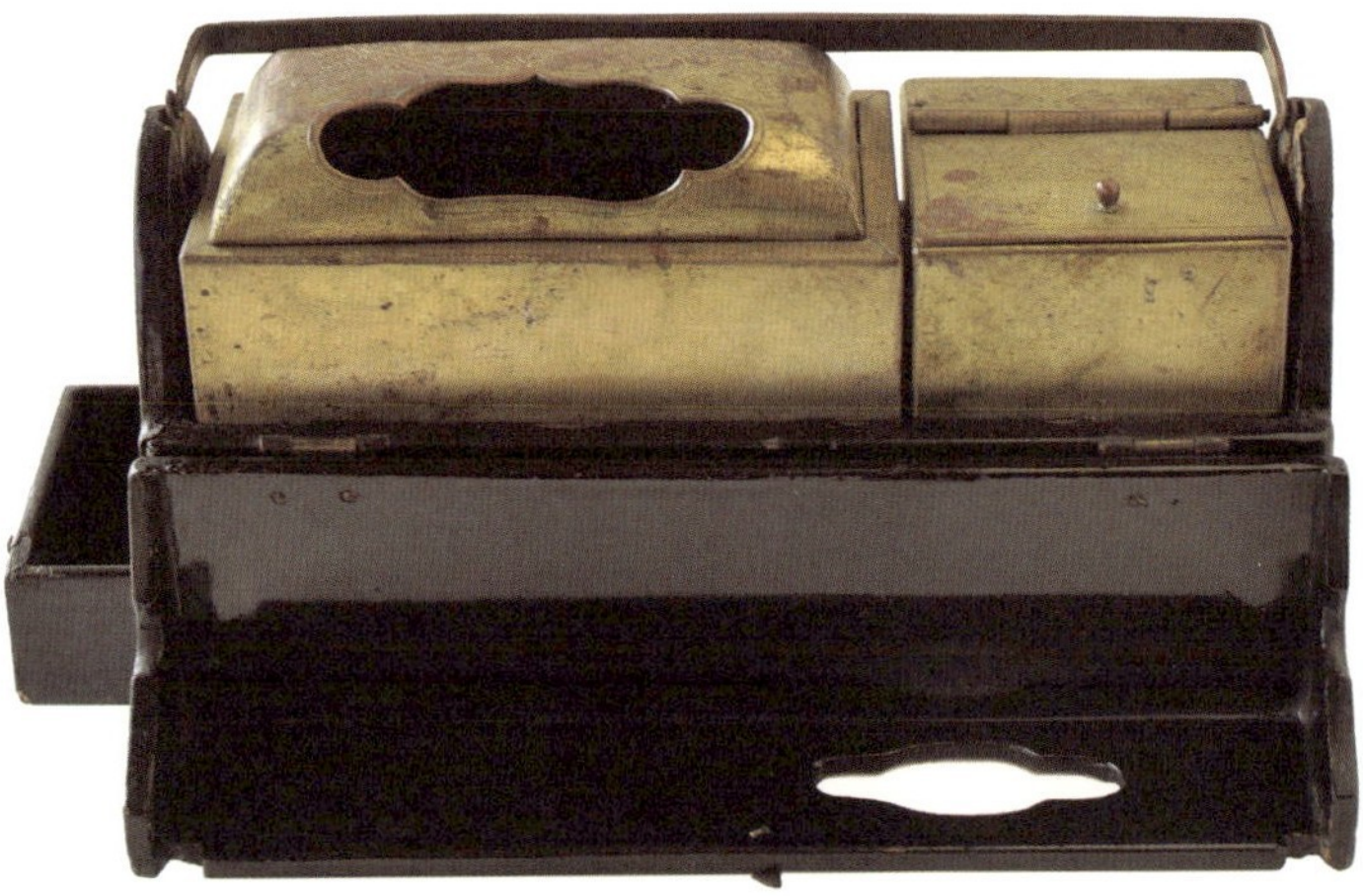

千鳥の留金具

刻み煙草
火入れ
灰落し
煙管置き

手提げ煙草盆

煙管で煙草を喫するにはそのための環境設定が必要なのです。まずそれには「火入れ」と言う小形の炭入り火鉢のようなライター代わりの火種が必要です。次に「灰落とし」と言う吸い殻を入れる所（普通は竹筒）があり、そして刻み煙草を入れる小引き出しがついて「煙草盆」と言うセットが出来るのです。通常は盆の状態なのですが、常に身近に置いておくために手提げ盆にしたのがこれです。掲載のものはもっとも庶民的なタイプなので、何の飾り気もありません。職人や、こまめに移動する職業の人たちに都合がよかったのかもしれません。

灰落とし　刻み煙草入れ

◆ 参考品　刻み煙草入れが独立したタイプ

つま楊枝入れ

朱漆煙管箱

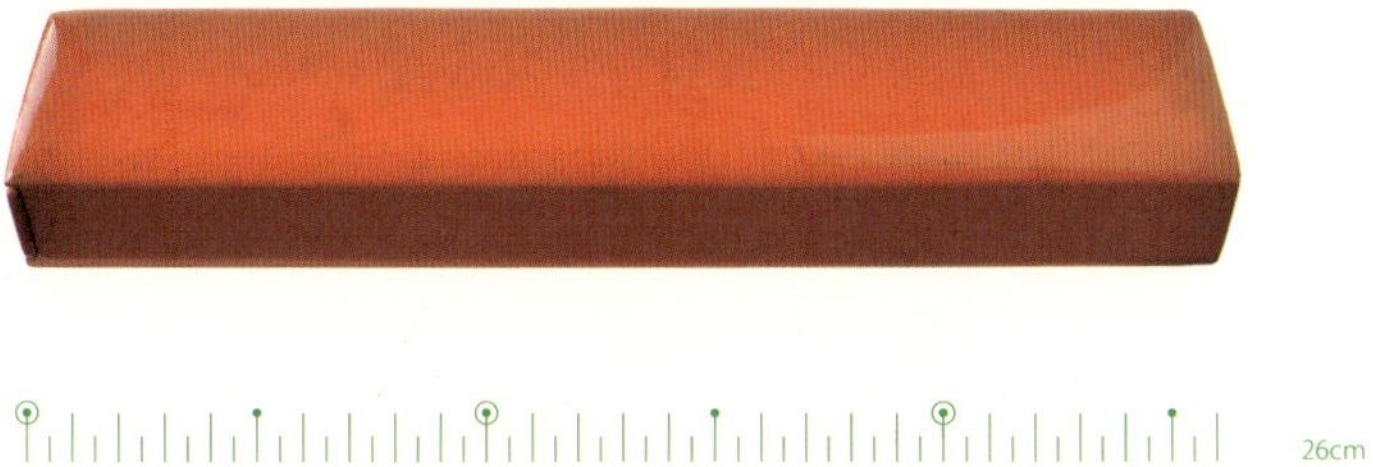

紙巻煙草が普及する明治までは、煙草の葉を極細に刻んだ「刻み煙草」と言われるものが一般的でした。これを喫する道具が「煙管（きせる）」です。雁首と言う火をつける部分と吸い口だけが金属で、間を繋ぐ羅宇の部分が竹などで作られているのが普通ですが、銀煙管のような全身金属というものもあります。掲載のものはそれを仕舞う箱ですが、朱塗りの仕立てから見て、遊郭などで使われていたものだろうと思われます。情事の後に遊女が煙管に葉を詰め火をつけ、客に一服吸わせ一息をつく…といった場面の為に廓に備えていた、と想像します。

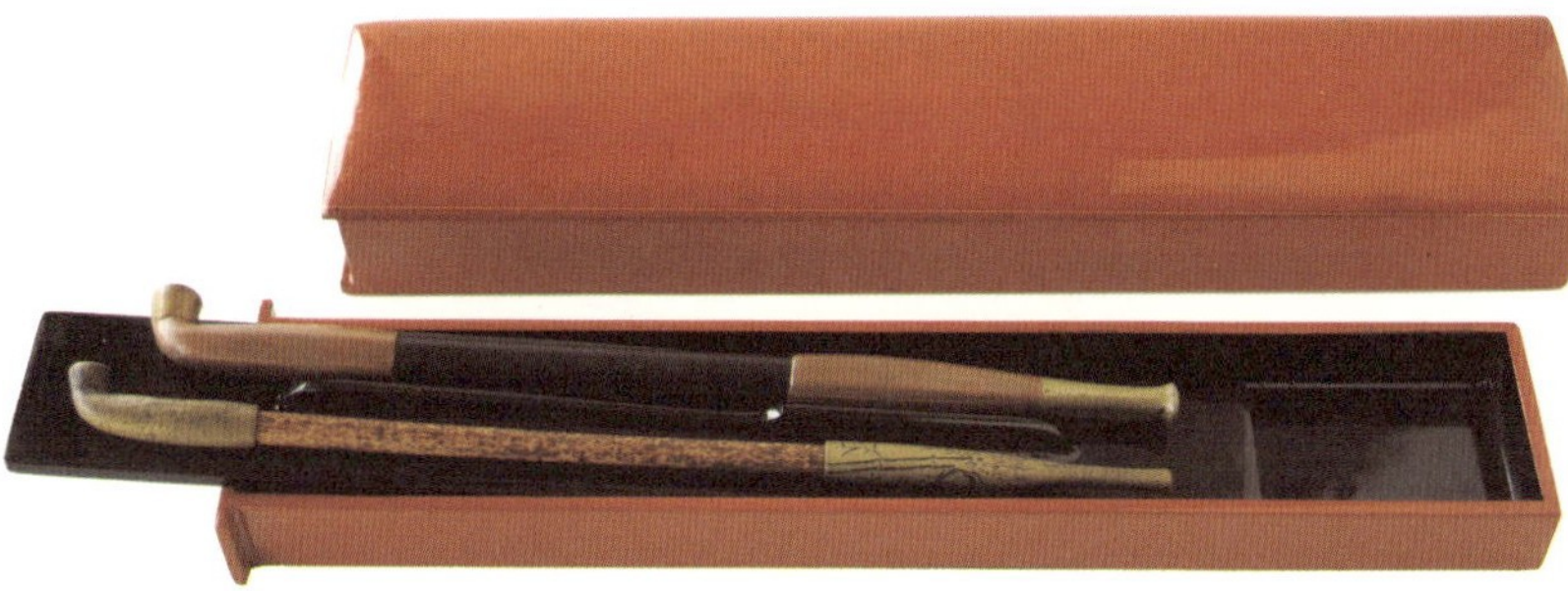

抽き出し式

有明行灯

23cm

元々持ち運ぶための照明器具だったので行灯（あんどん）と書くのですが、これは置き行灯のうちで座敷行灯と言われるものです。枕元に置いておくもので、「有明行灯」という風雅な名前がついていますが、有明とは夜明けのことなので、夜明けまで付けっぱなしにしておくところからの命名でしょう。キュービックなフォルムの行灯に、黒い箱カバーを被せて一方からの灯りに絞っているので、枕元だけを照らすようになっています。左右に月の満ち欠けを表した情緒的な窓が開けてある所から見ると、情交の寝屋のためのものかと想像してしまいます。

半月窓
満月窓

三日月窓

引き上げ障子

旅箱枕

21.1cm

江戸時代の旅は現代ほど気軽に許されたものではなく、娯楽としての旅は伊勢参りに象徴される参拝ぐらいで、一生に一度くらいのものです。宿も木賃宿は相部屋ですし、普通の宿でも襖一枚隔てた隣は他人です。そこで問題なのが防犯対策です。部屋に鍵も金庫もないわけですから、お金は常に身に付けていなければなりません。一番安全なのが、寝るとき枕の下に隠すことですが、これとて「枕探し」と言う盗人がいるのです。そこで考案されたのがこれです。箱の上の枕を外さなければ引き蓋が開きません。さらに隠し引き出しもついているのです。

枕を外さないと蓋は開けられない

最下段の後ろに隠し抽き出し

隠し抽き出し

鳥籠

鳥の鳴き声を愛でる文化は中国が盛んで、天井からびっしり吊り下げられた鳥籠の群を飲食店でよく見かけます。日本でも鳥籠は一般的には観賞用の鳥のためのもので、様々なデザインがあり鳥の種類も多様です。一方鑑賞用ではなく、うぐいすやメジロなど邦鳥の鳴き声を競わせる「鳴き合わせ」と言う分野があります。掲載のものはそのためのもので、籠とそれを入れる桐の籠桶（こおけ）でセットされています。これは鳥の気を散らせないためであり、鳴き声を響かせる効果もあるのです。豪華なものはこれに前戸、猫足、鳴き台がセットされます。

籠桶

同寸でスムーズにスライド

鳥籠

携帯将棋盤

12.6cm

子供の頃は縁側に集まって皆で将棋を指しあっていたものです。大人の囲碁に対して将棋は子供の範疇でした。本将棋以外にも低学年向けとして、回り将棋、挟み将棋、山崩しなどの遊び方もありました。最近はゲームに移行してそんな光景を見ることはなくなりましたが、反対にプロ棋士が注目を集めるようになったのが不思議です。掲載のものは携帯用にした極小サイズの将棋盤です。携帯用にするなら、嵩張る将棋盤を紙にすれば普通の駒でもいいはずなのですが、ここでは盤だけでなく脚までつけて形態を整えているところに何か拘りを感じます。

盤の中にミニ駒が収納

普通サイズの駒

ままごと台所家具

19.2cm

西洋ではドールハウスがよく見られますが、日本のままごとでは家としてのフレームではなく、あくまで家具が主体です。元は富豪の雛壇飾りに、精巧なミニチュア輿入れ家具等を並べていたのを独立させたのが始まりです。掲載のままごと用家具は、江戸から明治にかけての台所を見事に再現しています。そして木材、陶器、金属などの材質までもそれぞれ実際に合わせているばかりでなく、引き出しや網戸もちゃんと開く精巧さです。おもちゃと侮らないで、指物師が作ったような出来映えです。次頁右下など写真だけで見ると実物と見間違えそうです。

桶も本物の作り方で　すり鉢も陶器

◆ 同類参考品　水屋
袋戸には寄せ木細工まで

水屋

百人一首

11.9cm

「かるた」の語源は、ポルトガル語のCartaでカードの意味です。百人一首はそれより遥かに古く、貝合わせの遊びがルーツとされています。現在一般的に使われている「小倉百人一首」は、鎌倉時代の歌人である藤原定家が百人の歌人の和歌を選び集めたものです。このうち女流歌人は二十一人、僧侶は十二人です。私も子供の頃正月には家族でよく百人一首をしましたが、歌読みだけではなく、これで「坊主めくり」や「銀行」など他の遊びもできたのです。掲載のものは多色摺木版で桐箱入りですが、取手の茄子の彫金がかわいいです。

取り札　読み札／多色摺木版

茄子の取手

千両箱

46cm

時代劇など見ていると、盗賊が盗みに入ると決まって持ち出すのが千両箱です。さすがにかなり頑丈な作りで板厚もあり金具もちょっとやそっとでは壊れなさそうです。千両詰まった一箱の重さは江戸中期には20キロくらいだったのが幕末には軽くなって10キロにも満たなかったと言われています。時代劇では鼠小僧二郎吉がこれを担いで屋根の上を飛び回っていますが、飛び回るにはちょっと重いですね。掲載のものは上に賽銭箱のような上戸が付いていますが、これは後で改良したものです。店先などで使う日常の銭函として利用していたのでしょう。

頑丈な鍵と２０kgにも耐える取手

抜かれることも拒む釘

寄木細工からくり煙草入れ

8.9cm

寄せ木細工は、表面を市松や麻の葉模様で装飾された箱根の伝統工芸であり二百年の歴史があります。また、装飾ばかりでなく、開けるためにパズル的に仕組まれた「秘密箱」という謎めいた名前の箱など、「からくり」といわれる仕掛けも魅力です。掲載の物は、表面を木象嵌を施した煙草入れの箱です。四方から扉が開けられるようになっており、中には煙草がセットされます。下部には引き出しがあり、回転する仕組みで、ここにはショートピースか刻み煙草を入れるのでしょう。セットする方が面倒そうなので、多分客商売用ではないかと思われます。

刻みかショートか　煙草差し込み穴

◆ 参考品

寄木細工の秘密箱 21工程で開く

寄木パターンが継ぎ目を解りにくくする

携帯コラム5

極小にした風景

小さなものの中に大きな世界を閉じ込めてしまいたい欲求は、壺中天の逸話に代表されるとおりです。極細に彫り込まれた物、そこには職人達の競い合うような超絶技巧の数々が見えます。たとえその物が小さくても、見る人の頭の中では世界が広がってイメージされるのです。

象牙楼閣根付

僅か3cmにも満たない小さな塊の中に、
楼閣が彫り込まれています。
１層目は地上で川や橋が設けられ、
２層目は屋敷で中に３人の人物がいます。
３層目は屋上庭園で樹木と東屋があり、
全部で１１人の人物が配置されて、
まさに指の先に極小の世界が広がります。

龍と人物核彫

中国で木の実の種に彫る彫刻を核彫といい、
これはオリーブの種に彫られたものです。
全長4cm 幅1.5cmの中に、龍と９人の人物が彫られています。

船の核彫

船にある4箇所の窓は、
どれも両開きに開閉できます。
１１人の人物が彫られていますが、
上のもの程精度は高くありません。
台湾の故宮博物館に類型がありますが、
それはこの窓の中に二人の人物がいて
その間のテーブルの茶碗まで彫られて
いるという超絶な技巧です。

水月焼風鎮

風鎮というのは、掛け軸の下の両側に下げる重りの事で、装飾でもあります。普通は玉石などを素材に使うのですが、これは陶器で、その中を覗くと大樹や滝、東屋などの風景が彫り込まれています。

部分拡大

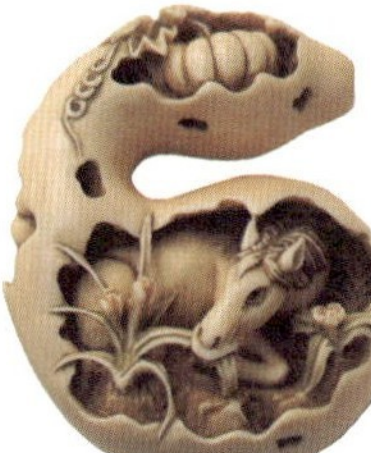

象牙瓢箪から駒根付

ひょうたんからこまと言われる「こま」とは馬のことです。小さな瓢箪から大きな馬が出るという、有り得ない事の例えです。

象牙蛤中竜宮城根付

貝の中に小さな世界を表現することは、洋の東西を問わず昔からよく行われています。これは上下に波の模様があることから、竜宮城だろうと思われます。

平戸焼蛤中神殿根付

貝の中に世界を連想するのは、それが「包まれた器」だからでしょう。これは九州の平戸焼の根付です。中には神殿と３人の人物が彫り込まれています。

盆景の陶器製民家

盆栽の植木鉢に配して、盆栽を大樹に見立てるという趣向のミニチュア置物を盆景といいます。

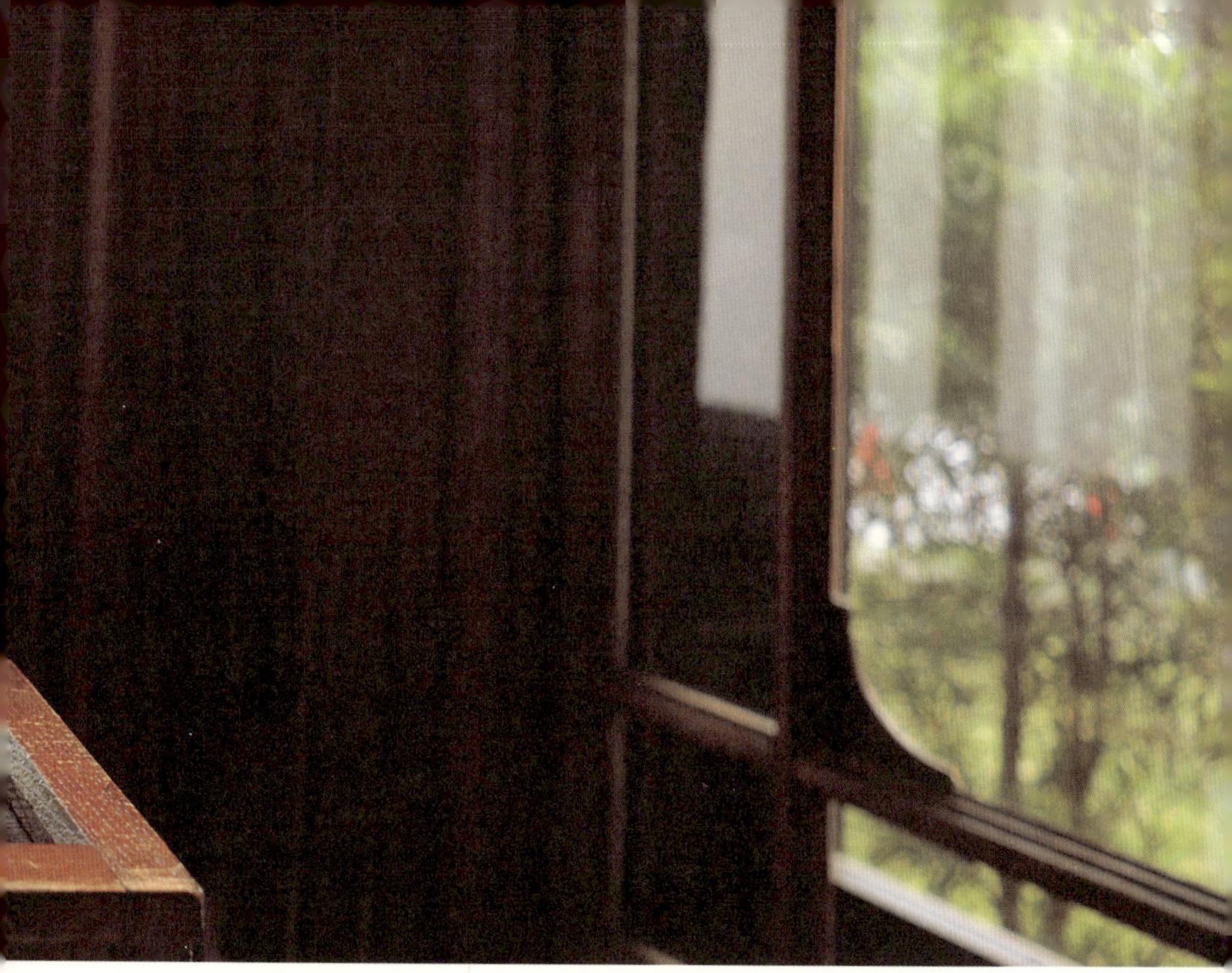

十一章
光堂

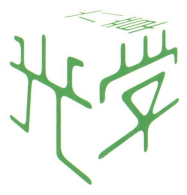

人の眼球は高度な光学装置ですが、不思議とその肉眼ではない方法で画像や映像を見ることに人々は魅力を感じてきました。日本でも古くから影絵に始まり、回り燈籠や写し絵（錦影絵）、幻灯など数々の幻影装置に大衆の興味が集まりました。江戸時代に覗きカラクリなるものがありましたが、これは単に風景版画をレンズを通してみるに過ぎませんが、このレンズを透してみるだけでも非現実見を味わえ熱中して楽しめたのです。いわんや、写真機などは庶民の理解を超えた魔法の箱だったであろうことは想像に難くありません。また、2枚の写真で立体視する立体眼鏡は、明治時代世界的なブームになりました。それは動画が出来るまでの仮想現実過渡期のものだったのでしょう。ところで、かつてカメラのことを「暗箱」と呼んでいたのをご存じでしょうか。それは草創期のカメラは、単に暗く密閉した四角の箱の一部に穴を開け、そこにレンズを付けた構造になっていたからそう呼ばれていたのです。確かに明治頃のカメラでも、四角の箱を原型として蛇腹式でピント調節をするものでした。その後手法や機能は進化して形も変わってきましたが、本章では進化のバリエーションを見ながらも、その都度の原型のボックス状態に近い形状のカメラを集めました。

テーブルステレオビュアー

17cm

立体写真は写真そのものを指すのですが、ステレオビュアー（ステレオスコープ）は観るための装置を指します。これはグラフォスコープと言うフランスの商品です。上の大きなレンズは覗きカラクリ用で、カラクリと言っても単に風景画をレンズを通して見ると言うだけの事ですが、それですら画像世界へ入り込むという異体験が出来たのです。下の二つのレンズは立体写真を見るための覗き穴です。2枚の写真で立体視できる手法は、意外にも写真が登場する頃と同時期ぐらいからあったようです。これは最も普及した紙プリントを使うタイプです。

立体写真を立てるホルダー

覗きカラクリ用レンズ　立体眼鏡

覗く角度調整が出来る

紙プリントの種紙：視点の少しズレた
2枚の写真がワンセットで立体視できる。

関連の光学玩具

玩具ののぞきからくり（昭和初期）

上の発展形、覗いてフィルムを見る玩具の携帯スライドビュアー（昭和中期）

ステレオヴィジョンと言う名の折り畳み式紙製簡易ステレオスコープ（昭和中期）

スタンドステレオビュアー

52.6cm

ステレオビュアーでもこれは質の高い方のものです。それはギアによるピント調節つまみが付いていることや、照明のための蝋燭台が左右についているなど丁寧に作られているからです。手持ちタイプが普及している中でスタンド式は珍しく、伸ばせば高さ130センチぐらいにはなるので立ったり椅子に腰掛けた状態で見る事が出来ます。収納の箱も大きく、当時としては高価なものだったのでしょう。シックなレザーのフード部分には「インターナショナル・ステレオスコープ・アソシエイション・東京」と書かれ、地球のマークのエンボスが押されています。この時代の立体写真ブームを偲ばせます。

収納箱／明治43年の日付

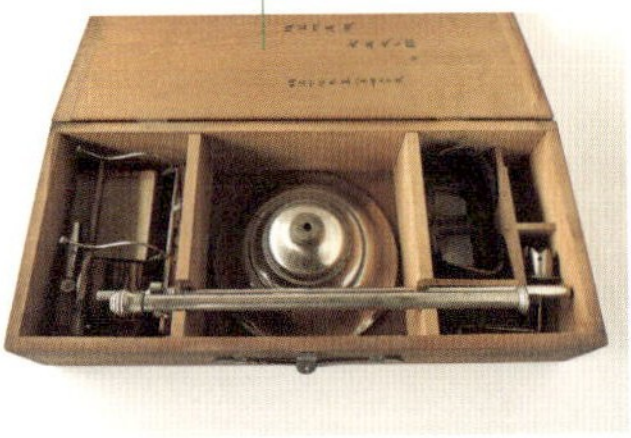

蝋燭台　フードはレザー

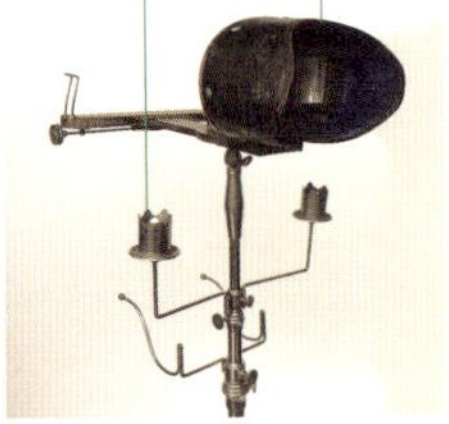

◆同類参考品　手持ちステレオビュアー

フードはブリキ

ガラス写真ステレオビュアー

立体写真は過去に何度か世界を市場とする大きなブームがあり、専用の立体カメラも多数売り出されていました。掲載のものは国産ではありませんが幕末の頃と思われます。写真を紙にプリントするというフィルム使用以前のガラス乾板写真の時代の物です。ガラスだから暗い箱の中に透過光で写真を観るので、紙プリントよりも臨場感がさらに増し、画面の中に感情移入してしまいます。それは、体験する時にする「覗く」という行為が加わっていることもあるのでしょう。立体写真は今でも玩具として存在していますが、その魅力は褪せていません。

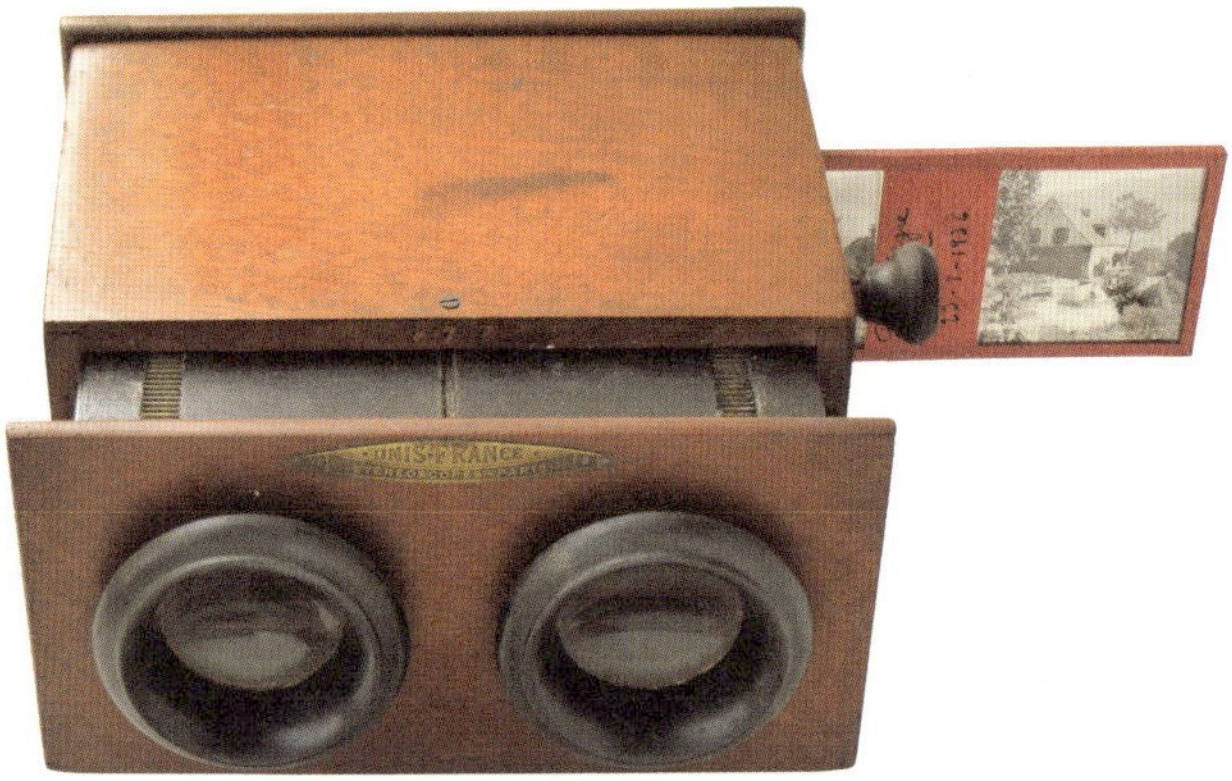

ガラス写真の種板

ピント調節ツマミ

光学 第6章 …… 68 明治時代末期

蛇腹カメラ

9cm

カメラのシンボルであるレンズ鏡筒が登場する前は、この蛇腹式が基本でした。掲載のものはドイツのZECAの製品ですが、このタイプは縮めてコンパクトにボックス状に収納出来るので移動に便利です。レンズの安定の為に下に2本のレールが敷かれています。フィルムからプリントする時には引き延ばし機によって拡大プリントをするのですが、この時代はフィルムを密着焼き付けしていたので、プリントとフィルムは同じ大きさでした。だからフィルム面は大きくなければならず、乾板写真のような1枚毎のカートリッジ式になるのです。

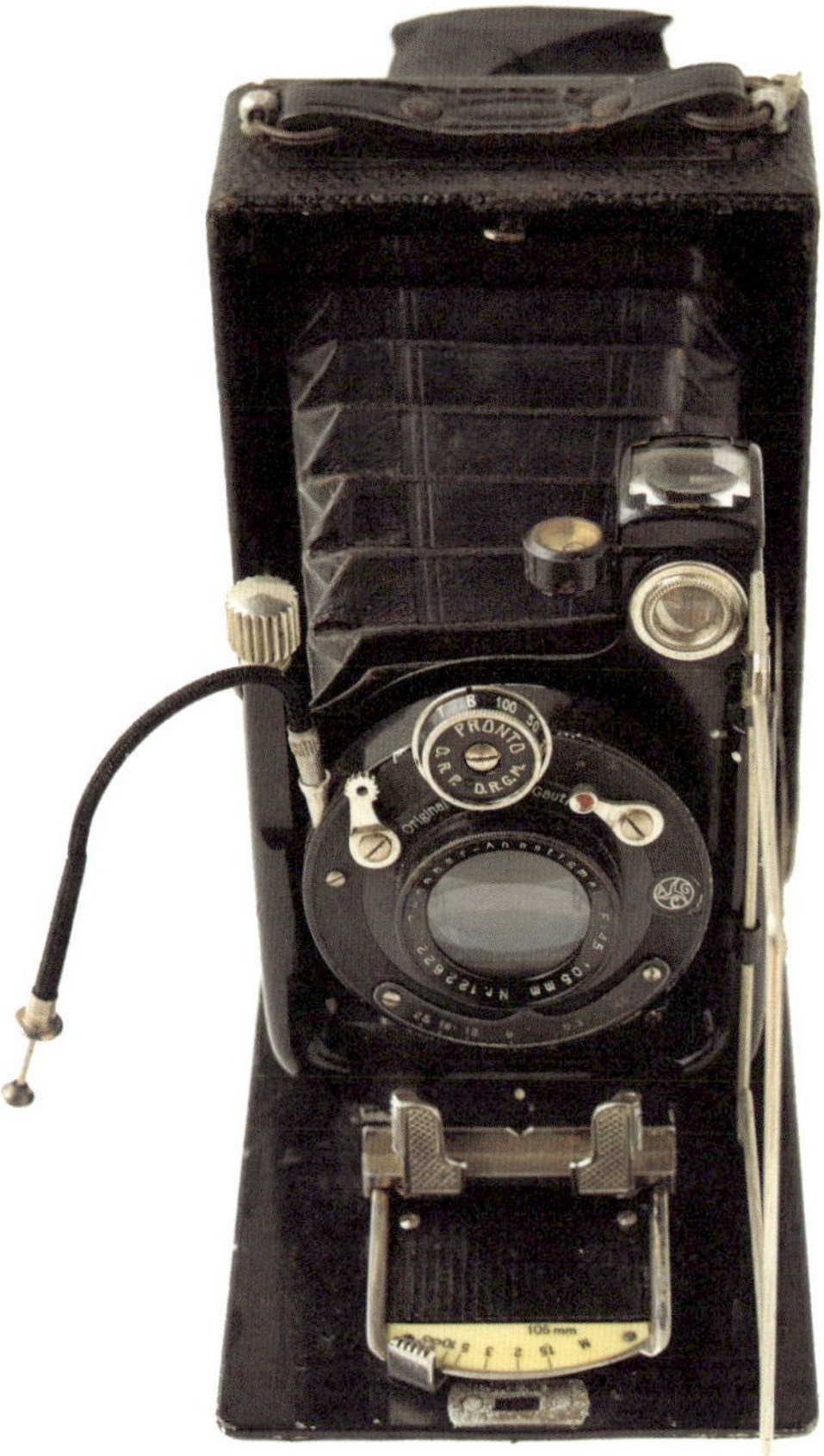

皮ケース　なぜか Tokyo の刻印がある
ケースだけ日本で作っていたのか

閉じればコンパクトなボックス

レンズレール

ファインダー

遮光フード

フィルムカートリッジ

投影ガラスパック

関連のレトロカメラ

ロールフィルム式蛇腹カメラ
イーストマンコダック社（明治時代末頃）
no2 folding autographic brownie

フィルム入れ替え時

スパイカメラの異名を持つ 7.2cm の超小型ボックスカメラ
コーナン16オートマット　オキュパイドジャパンの刻印有
甲南カメラ研究所で開発 ミノルタから 1950 年発売

本体を引出してフィルム巻上

16mmフィルム専用マガジン使用

完全なボックス型カメラ
固定焦点でロールフィルム式（大正時代頃）
brownie junior six-16

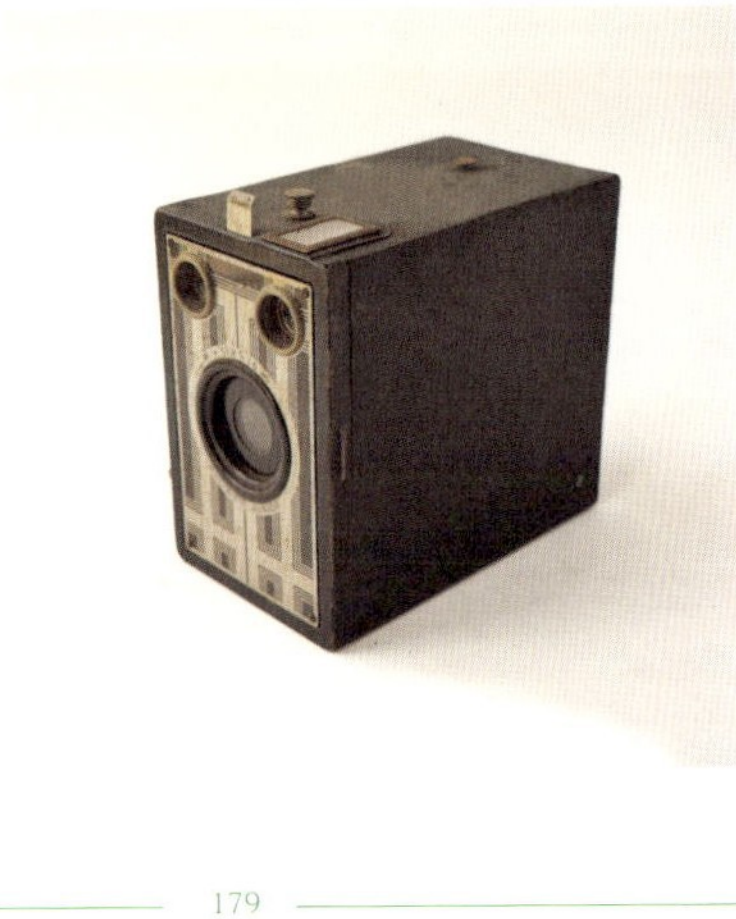

フィルム入れ替え時

ステレオカメラ

立体写真のための2枚の写真がワンシャッターで撮れるカメラです。両目の間隔で2つのレンズがついているのです。掲載のものは、Verascopeという1900年頃のフランスの製品です。カメラというより工業機械と言った方がいいような、鉄板そのままの無骨な作りです。鉄塊のようで手にずっしりと重く、フィルムは2コマ分に長くカットされた、カートリッジ式で12枚セットできます。カメラ部は固定焦点で絞りもなく、至ってシンプルな作りですが、フィルム装填部が本体以上に複雑なオートチェンジャー機能になっています。

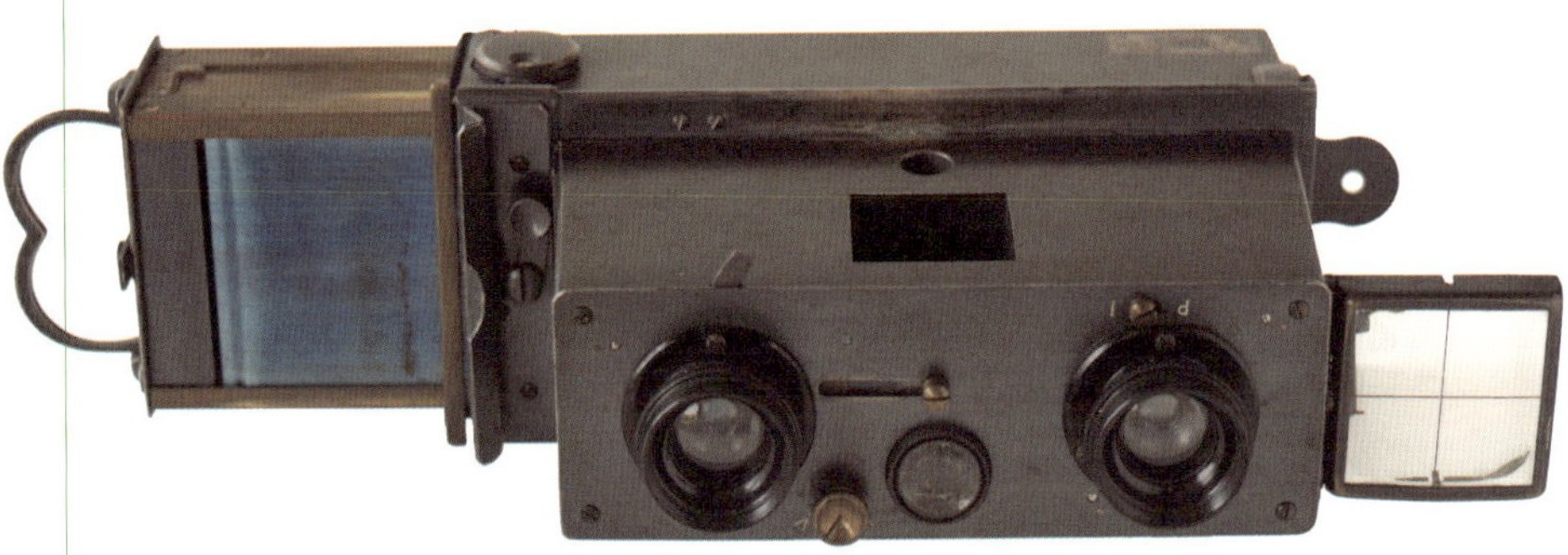

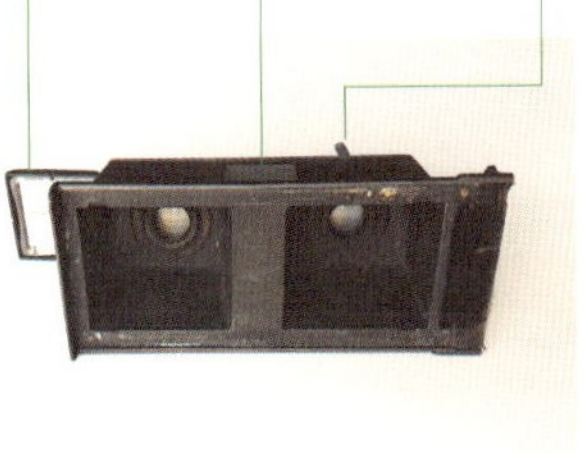
ファインダー
上から覗くファインダー
シャッター

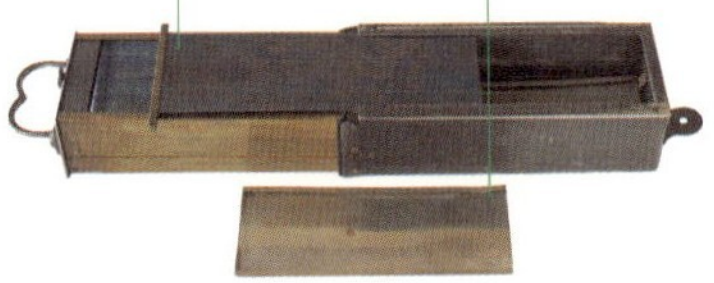
オートチェンジャー
フィルムカートリッジ

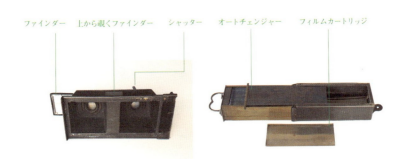

ストラッツカメラ

9.9cm

「ストラッツカメラ」というのは、レンズを固定させるのに蛇腹カメラのようにレールではなく4本の支柱で支えながら伸縮させるタイプのものです。さらに掲載のものはかなり小さく纏められるよう設計されており、収納時にはきっちりボックスになる優れたデザインです。フィルムは小型のロールタイプですが、パトローネに入っているのではなく紙のロールに挟まれて巻かれています。次頁右下の小さなものは、玩具カメラで、当時のトーゴレットというカメラを真似たのでしょう。密閉されていないので、日光写真程度のものだったのでしょう。

イギリス、ホーン社のエンシネット1907

畳めば綺麗なボックスになる

ストラッツ式のトイカメラ

二眼レフカメラ

7.2cm

箱型のカメラと言えばまさに昭和初期に流行した二眼レフカメラが箱そのものです。現在の一眼レフカメラはこの二眼レフに対比しての言い方なのです。２つレンズがあるのはフィルムに写すレンズと、ファインダー用のレンズで、同じ倍率で（歯車で連動）別々に見るためです。二眼レフの中でも最も箱に近いボディは、このリコーフレックスⅦです。なぜなら、他社のはダイキャストの一体成形だったのに対し、これは板金プレスで成形していたからで、このためコストを大幅に下げ、他社の１／３位の価格になり当時大ヒットしたのです。

シャープなボックスのシルエット

画像が摺ガラスに写るファインダー

皮のキャリングケース

紙製フィルム映写機

31cm

映写機といえばフィルムを投影するのが常識なのですが、何とフィルムの代わりに紙に印刷したものを種紙とする映写機があったのです。この「レフシー」というのは家庭映写機株式会社が開発した日本独自の手法です。反射式ですから光量も少なく投影距離もわずかですが、家庭で鑑賞する玩具としては十分です。その上当時フィルムにはまだなかったカラー映像が使えたのです。ギアーも組み込んでいないので、相当速く手回しをしなければならずかなり手が疲れます。掲載の紙フィルムは当時一世を風靡した人気の「のらくろ」のアニメです。

光源反射式

実写による時代劇　アニメ「のらくろ」

昭和９年頃の玩具映写機

家庭用手回し映写機

映写機と言っても家庭用の玩具の類の物です。この当時、活動写真（映画）は35mmフィルムを使い、無声だったので横で弁士が熱弁するのでした。その使用済みのフィルムを適当な長さに分割して家庭用に対応して販売したのがこれです。映画の一部分だけなのでストーリーは全くわかりません。でも画像が動いていると言うだけでも十分迫力があり楽しめたのです。人気があったのは時代劇のチャンバラの立ち回りシーンです。家庭用と言ってもブリキ製の普及版に比べれば、このタイプはボックス入りで精度が高く、子供にはちょっと贅沢な玩具です。

チェーンベルトで安定している

35mm フィルム

劇場映画の一部を切り取ったフィルム

移動用顕微鏡

24cm

微生物など、野外現場で観察をするのには顕微鏡を持ち出さなければなりません。ただ精度の高い画像を得ようとすれば強固な本体が必要ですが、それでは持ち運びに不便が生じます。それを克服したのがこの足折れ式の顕微鏡です。コンパクトに纏めた移動用ですが箱内の固定はしっかりし、広げれば安定性もよくて精度も高く、プレパラートを縦横に移動する微動調節もついています。左頁右下のものは初期の真鍮製の顕微鏡で、1880年頃のイギリス製です。ピント調節ツマミもなく単に筒をスライドさせるだけのシンプルな構造です。

折り畳んだ状態

立ち上げた状態

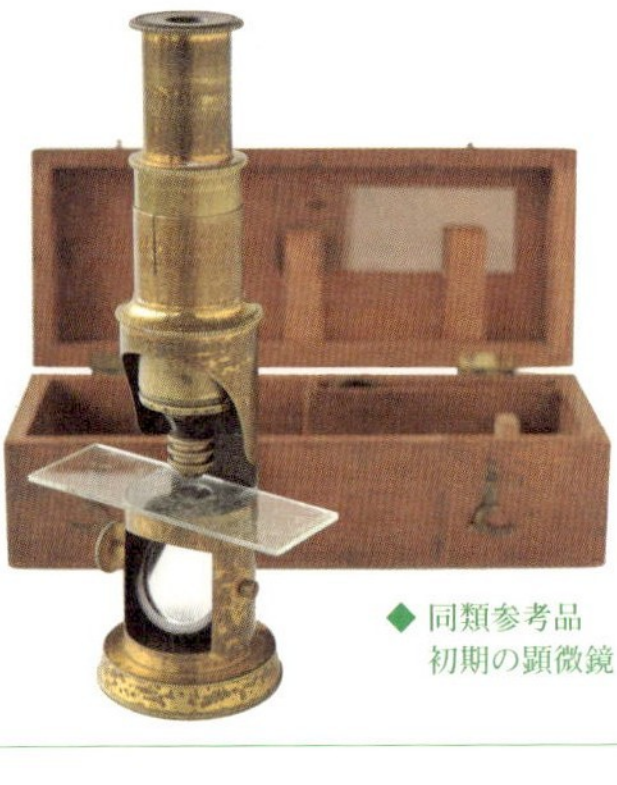

◆ 同類参考品
初期の顕微鏡

携帯電灯

乾電池の発明は明治18年、世界に先駆けた屋井先蔵氏によるものでした。それまでは液体式だったので、携帯しにくく寒冷地では凍るなど不都合がありました。掲載のものは大正時代の「携帯電灯」ですが、木箱で電池も四角でかなり大きく、屋井電池を使っていたものと思われます。大正12年に松下電器も電池式自転車ランプそのものを考案しました。懐中電灯以前の携帯灯火は、次頁右下のカーバイトランプです。上下二層あり、下にカーバイトを入れ、上に入れた水を点滴することで発生するガスに火を灯すのです。

電池も外形も箱形

◆ 同類参考品　カーバイトランプ

科学

「科学的」と言う言葉は文明の進化の代名詞として使われますが、進化に限らず物事を論理的に思考することが科学的だと言うことでしょう。そんな中でも最も論理的思考をする、あるいは論理だけでも成り立つのが文字どおり物理学であり、門外漢が述べることが許されるなら、抽象的な概念を数値で証明することが物理なのでしょうか。本章で取り上げているのは、我が国が生活の中ではまだ数値に縁遠かった時代に、重さを数値で表すものをはじめ、時間を数値で表すこと、さらに方角を数値化するまで、まさに日常への物理の介入の時代の先駆けとなったものたちです。それぞれの技術は時代の要求に寄り添うのですが、日本では重さについては古くから「竿秤」が生活に馴染んでいましたし、時計については江戸時代から、季節によって時間が可変する「大名時計」という日本独自のものがあり、香の燃え方で時間を計る「香時計」もありました。でも、庶民は「時太鼓」の知らせや、せいぜい安価で軽便な「日時計」を使っていたようです。いずれも正確さには欠けますが、一般の人達の時間感覚はその程度で十分だったのかもしれません。そして方角も時間もさらには年を表すことさえ全てが干支で表示されており、これも12進法という数値を用いているのです。

携帯竿秤

76　明治時代　初期〜中期

23.7cm

25cm

日本で古くから使われているのがこの竿秤のタイプです。天秤は精度は高いのですが、幾種もの分銅が必要であるのに対し、竿秤は一本の棒と皿と重りだけと至って持ち運びが楽なので、行商などで近代まで使われました。掲載のような小型のものは売薬さん（家庭配置薬業者）などが使っていたのでしょう。下のものは持ち上げる紐の持ち位置を変えれば二十匁までと百匁までと二通りにはかれます。上のものは皿が鼈甲で竿が象牙という贅沢な作りです。微調整ネジもあり、分銅も軽量で2グラムまであり、かなり微細な物を計るためのものです。

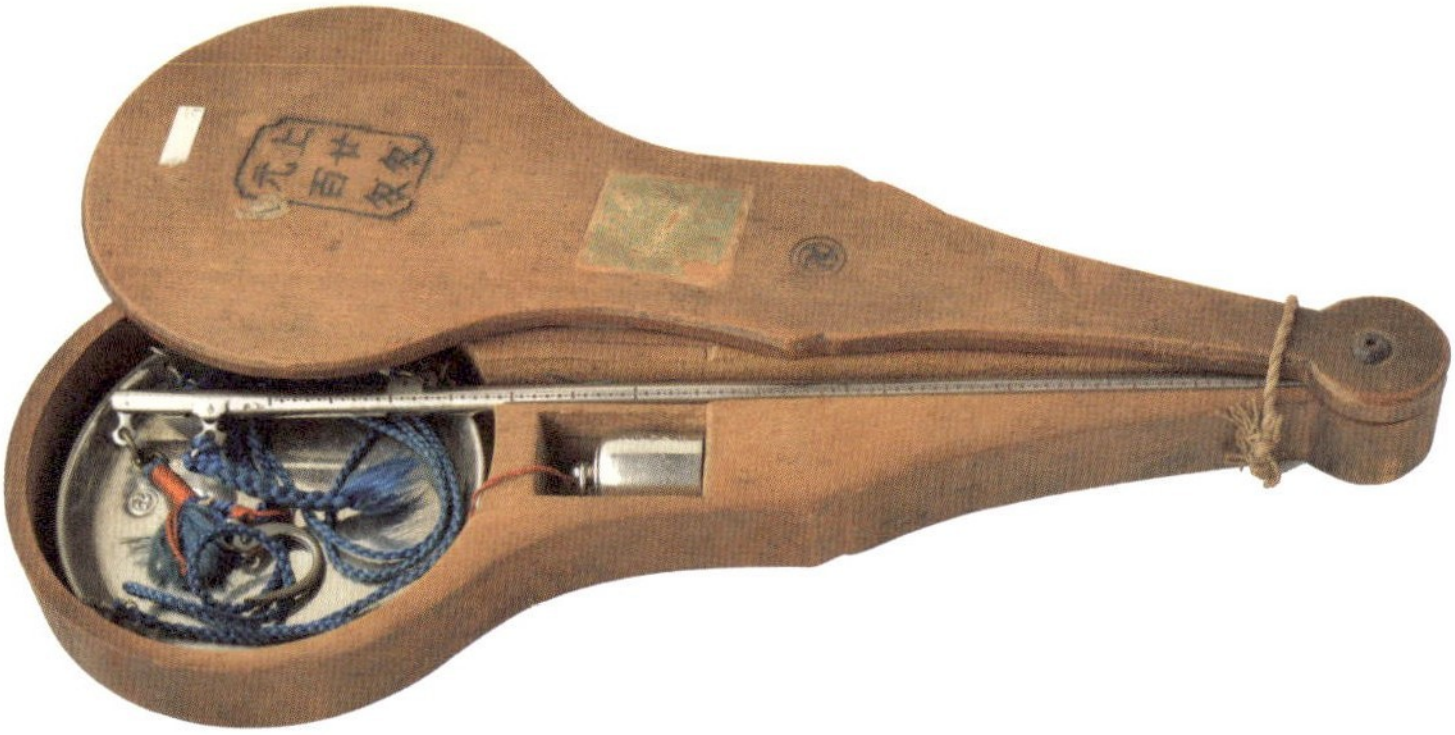

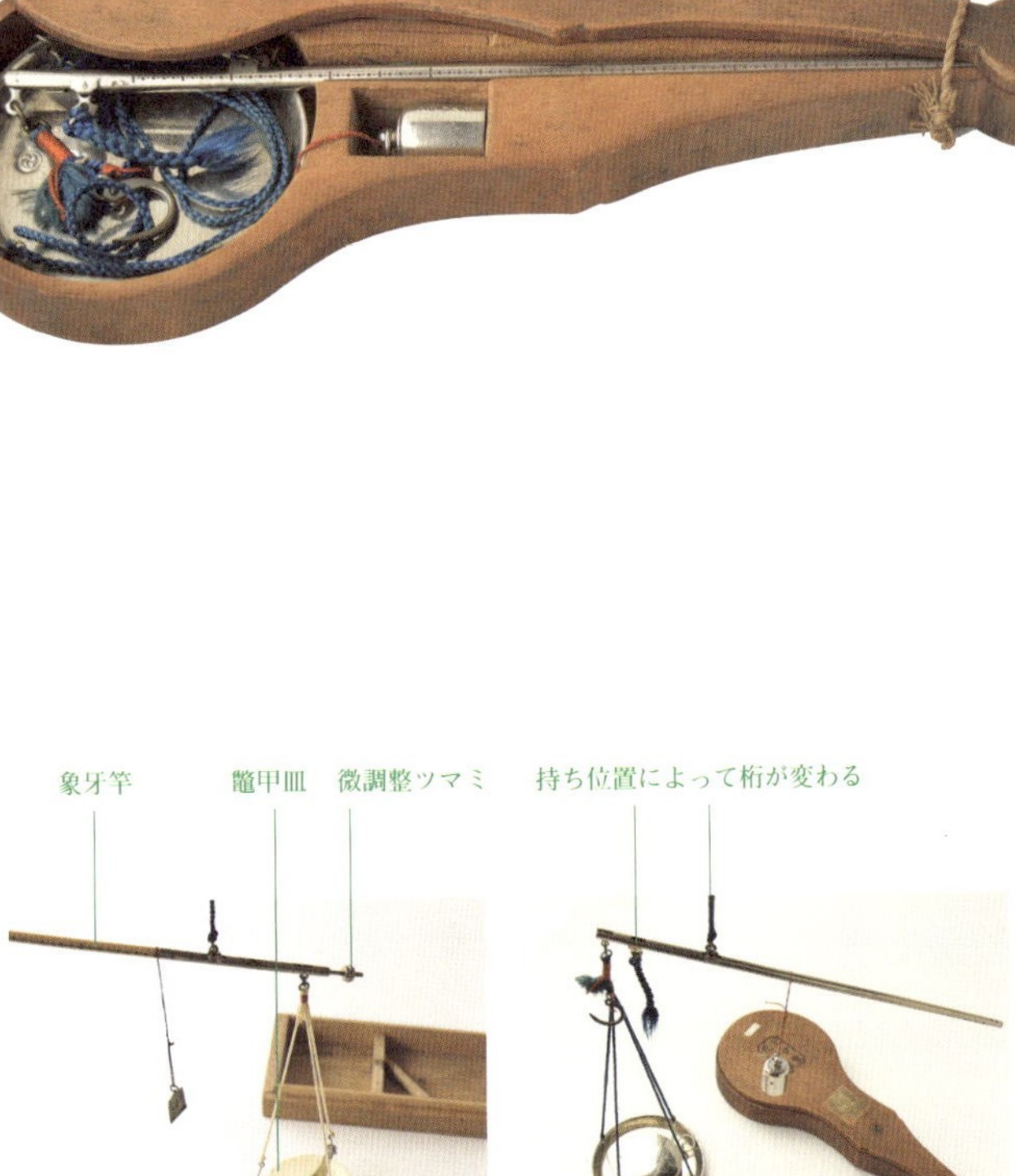
象牙竿
鼈甲皿
微調整ツマミ
持ち位置によって桁が変わる

携帯天秤

17.3cm

天秤は左右の腕の長さが同じで、はかる物と同じ重さの分銅を片方に乗せ釣り合わせることで重さをはかります。「天秤」は元は中国語の「天平」(てんぴん)でそれがてんびんになったのだとか。日本では江戸時代より秤はもっぱら竿秤だったので、このような西洋式天秤は明治になってから一般に普及したのです。薬の調合などにより高い精度が求められる時代になったからでしょう。これは携帯用に組み立て式になっていますが、バランスを合わせる左右の微調整をするネジがまだなく、逆に下からの矢印で中心の誤差を合わせるのです。

上の写真中央の、上からの針と下からの矢印で基準を決める

携帯分銅付天秤

6.8cm

重量を計る方法は多種ありますが、この吊り下げ天秤は古代エジプトの「死者の書」にも描かれているほど原始的な手法でありながら正確な方法でもあります。198頁のものと同じ携帯天秤ですが、時代が大きく下がります。その分精度もかなり高くなっていて、分銅もセットされています。箱の裏にはピンセットの差し込み穴も設けられている他、箱自体も成形ではなく無垢のくり抜き式で、運搬に耐えるようしっかりとした作りになっています。やはり薬を計るためのものと思われ、皿が深い所を見ると、粉末状のものに対応出来るようにしたのでしょう。

無垢の削り出し容器

同社のミニサイズ版
ドイツのHAIGIS

ピンセット収納

ミニサイズは手持ち

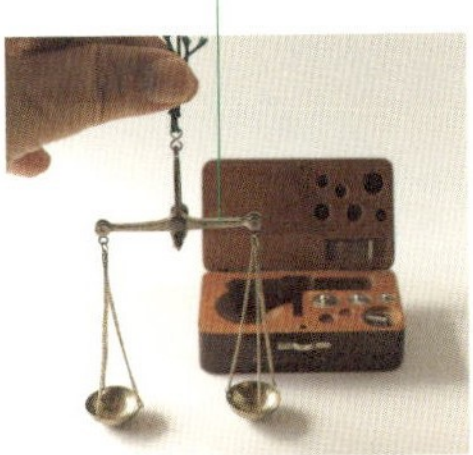

物理天秤

27.5cm

「物理天秤」（精密天秤）はその名のとおり物理の実験にも対応出来る程の精度があるという意味です。ガラスケースに入っているのは損壊や埃、腐食などを防ぐためです。しかし実験用のものはもっと大きいタイプだと思います。いちいちガラス扉を開ける手間もいるし、持ち運ぶのも不都合ですからこれは薬を計る為ではないでしょう。シールに兵庫とある所から真珠を計ったのかもしれません。神戸は真珠の生産地ではありませんが、加工や輸出の拠点であったのですから。次頁右下は支点の比率を変えて大きい重量も計れるようにした小型の台秤です。

固定＆持ち上げツマミ

分銅セット

◆ 同類参考品　上皿台秤

分銅

香時計

26.7cm

香時計は「時香盤」「常香盤」とも言われ中国では6世紀頃から使われていたようです。寺院などで朝これに火をつけて時を知らせていたそうですが、それはもっと大きなものです。掲載のものは小型なので、時を計るというより限られた時間を計るためのものです。農業用水の分配時間や、集団で作業をする場合の交代の時間を計るなど現代のタイムキーパーのようなものでしょう。使い方は、灰の上に香型という型板を乗せ、その溝に抹香を埋め、ヘラで上面を均してから香型を外します。香の一端に火を点せば均一のスピードで燃えていくのです。

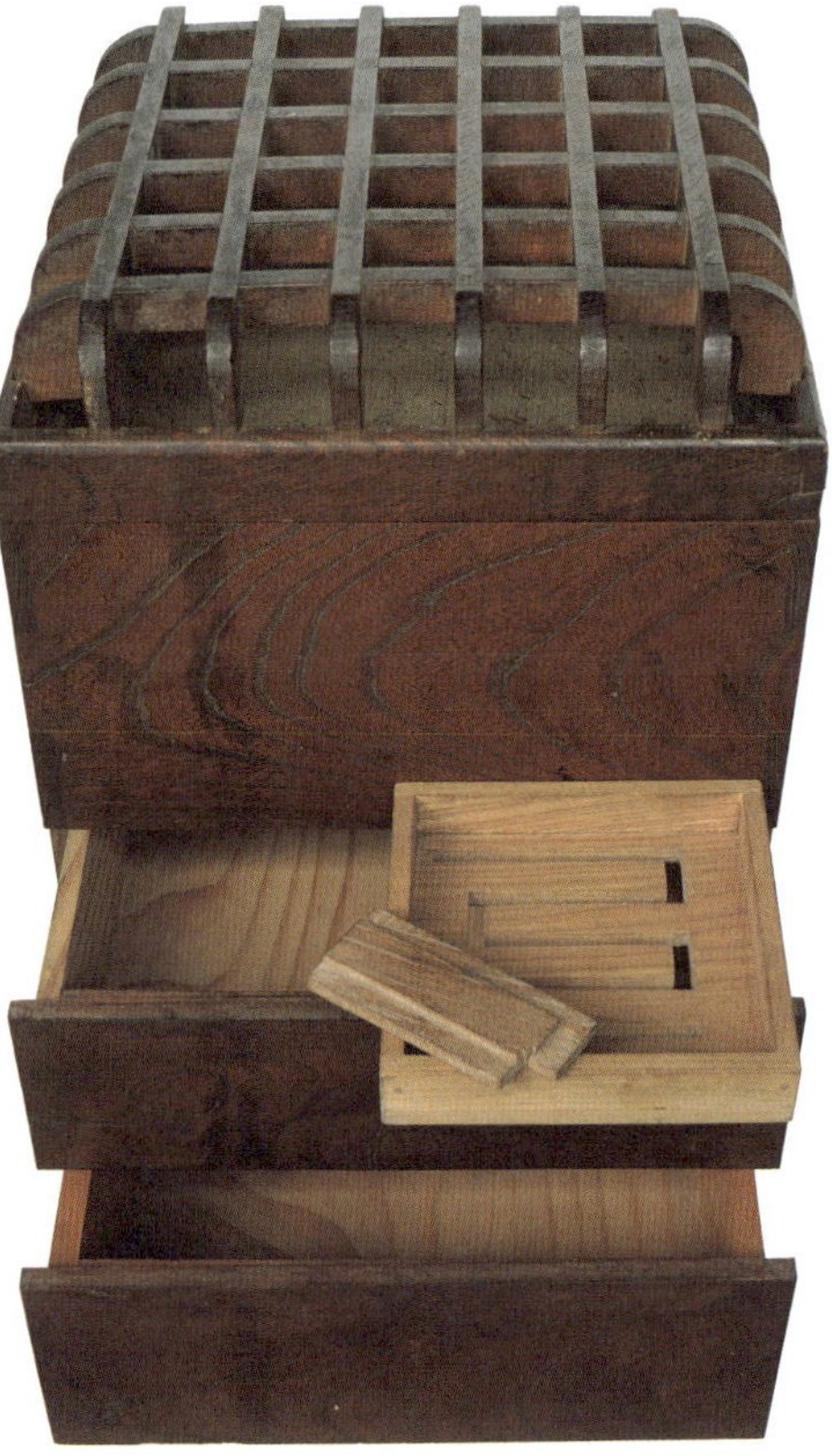

灰を敷いた火鉢のような物

香型
ヘラ

日時計

明治6年の改暦後、時間が12時制になり、移動用の懐中時計はすでに日本に入ってはいたものの、とても高価で庶民には手の届かないものでした。そこで安価で手軽なのがこの懐中日時計です。日時計という原始的なものに精度など望むべくもないと思われがちですが、蓋裏には計測地と明石標準時のズレ補正が秒単位まで記されているのに驚きます。そこまでの細かな計測はどのみち無理なのでしょうが。実際私がこれで計測したら8分ほどのズレがありました。これは季節にもよるのと、内蔵している方位磁石の精度が低すぎることもあるのでしょう。

折り畳み式

明石標準時との誤差補正の仕方を記載

方位磁石の北に合わせて影を読む
この場合は現在午後１時５０分

根付け日時計

3.4cm

印籠や煙草を帯から提げるための留め具である根付けの中に仕込まれた日時計と方位磁石です。外箱は真鍮で中は銅に銀メッキが施され、文字が彫り込んであります。嵩張らず根付けとしての機能に付属しているので、随分便利な物だったのでしょう。これは改暦前のものなので、時刻は旧暦表示ですし、方角も干支で表示されており、大きさからいっても精度はかなりアバウトです。尤もこの太陰暦の時代は一刻およそ2時間でその上季節によって一刻の長さも違っていました。だから、その一刻きざみの範囲内の表示で十分だったのでしょう。

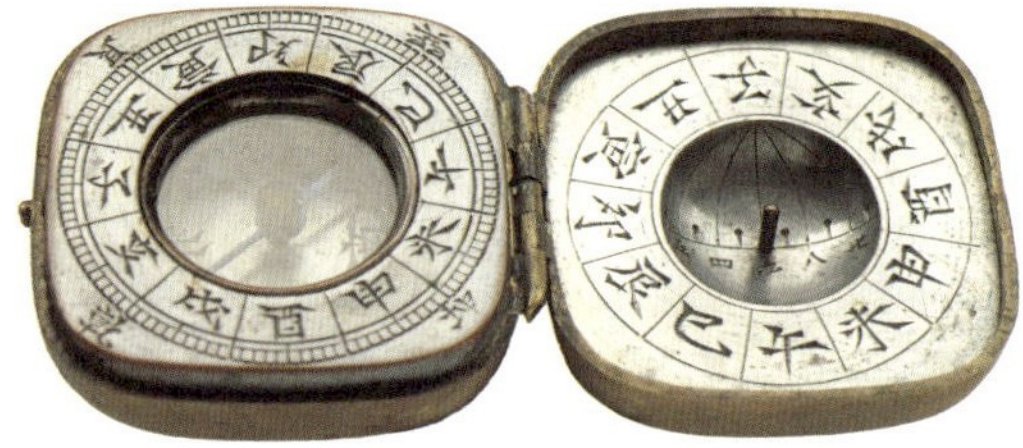

小型で精巧な彫金細工
全てが干支表示

和磁石

古い方位磁石で「和磁石」と言われるものです。方角が干支の表示で右回りに書かれている陸地用の「本針」と言われるものですが、当時の北前船などの船用に左回りの「逆針」というものもあります。これらは無垢の木から削り出した一体型で強固な作りになっています。大小様々ありますが、どれも磁石というだけにしては大きいので、船舶などに使われるものではないかと思います。左のものは珍しい極小の旅用携帯タイプです。どの方位磁石にもほぼ蓋に三重丸のマークが彫り込まれていますが、これは北極星を表すのだと以前に聞いたことがあります。

方位が細かく24分割のタイプ　全て無垢削り出し

大型のタイプ／この○も北極星なのか

教材用解剖器具

解剖実習と言えば、小学校で鮒を、中学校でカエルを解剖したのを思い出します。勿論検体は自分たちで調達です。大学では兎などを実習に使うらしいですね。倫理的見地から生体解剖の実習はやめるべきだと動物愛護団体から進言があるとのことで、悩ましいところではあるでしょう。掲載のものは、粗野な作りではありますが、桐材をくり抜いて作っているところが、現代との差を感じます。虫眼鏡などは却って可愛く見えてしまいます。次頁右下のものは、大学生かアマチュア研究家のものなのか、マニアックでメスのバリエーションが豊富です。

◆ 同類参考品
メスのバリエーションが多い少し高度なタイプ

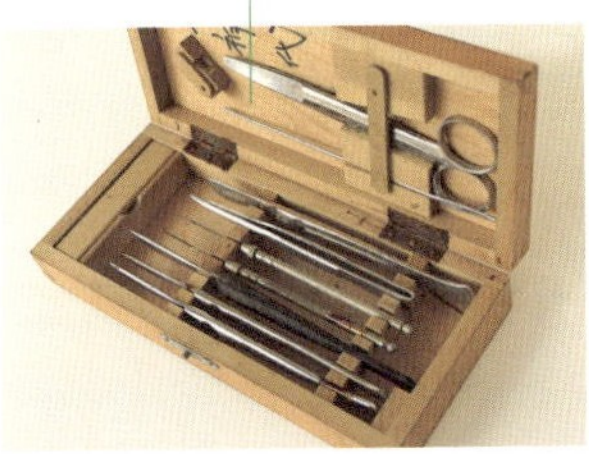

香水調合キット

14.6cm

この箱を購入する時に「香水調合のためのものでしょう」と言われて買い求めましたが、どこにも表示がないので断定することはできません。調べてみるとたしかに香水調合のために必要な道具類と似ています。木箱に薄い白塗装をしていることでもそれらしさを感じます。香水でなくても何らかの調合を目的としているのは間違いないでしょう。日本で一般に香水と言っているものは、「パルファン」香料10〜30%「オー・ド・トワレ」香料5〜10%「オー・デ・コロン」香料2〜5%ぐらいの比率で作られ、これにアルコールや蒸留水が混合されるとのことです。

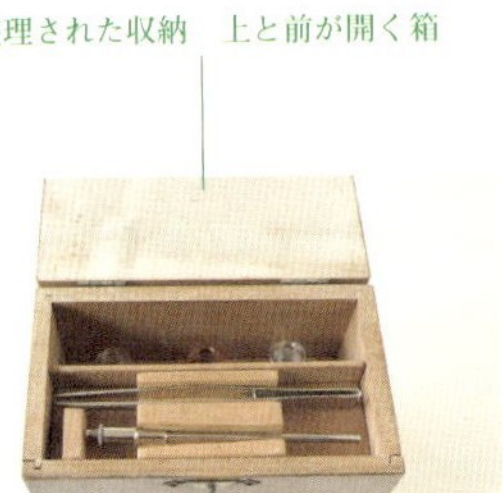

整理された収納　上と前が開く箱

スポイト付き小瓶３本　広口瓶２つ

染料棚

24.6cm

染色工芸のための染料を入れるための箱とのことですが、構造から言えば染料に限定せず薬品でも何にでも応用出来そうです。箱に工夫されているのが瓶がひな壇になっている点で、中身が見やすく取り出し易くなっています。従って、蓋が斜めになっているのですが、支えの棒を起こせば天板が水平になり、蓋の上で調合等の作業が可能です。そのためメートルグラスや牛匙もセットされているのです。染料はもとは全て自然界から色素を抽出していたのですが、保存が難しいようなので、掲載のものは化学染料（合成染料）のためのものでしょう。

天蓋も前蓋も中折れで取り出し易い

水平テーブルになる

ひな壇で見やすい

携帯コラム6

携帯するイコン

神様は人の心の中にいるとはいうものの、やはり目に見える形で、心の拠り所として身につけていたいと思うのが人の常。また、かつて旅をする場合にこそ、魑魅魍魎が取り巻く外界への不安から、安心の証としてイコンを懐に忍ばせていたのでしょう。その心は宗派を問いません。

開いた時

綴じた時

石彫イコン

石作りで本のような状態の珍しいものです。
表裏の４つの扉には飾り十字架が彫られ、
その中に８人の聖人が彫られています。
どこの国かはわかりませんが
キリスト教のようです。

綴じた時

開いた時

チベット仏教のイコン

インドで生まれた仏教が
７世紀頃にチベットに伝わり
独自化したのがチベット仏教。
これは、男女神が合体した
チベット仏教独特の構図です。
動物の骨粉を練り合わせた
練り物といわれる
素材で作られています。
左が無量寿如来で
右がチャクラサンバラです。

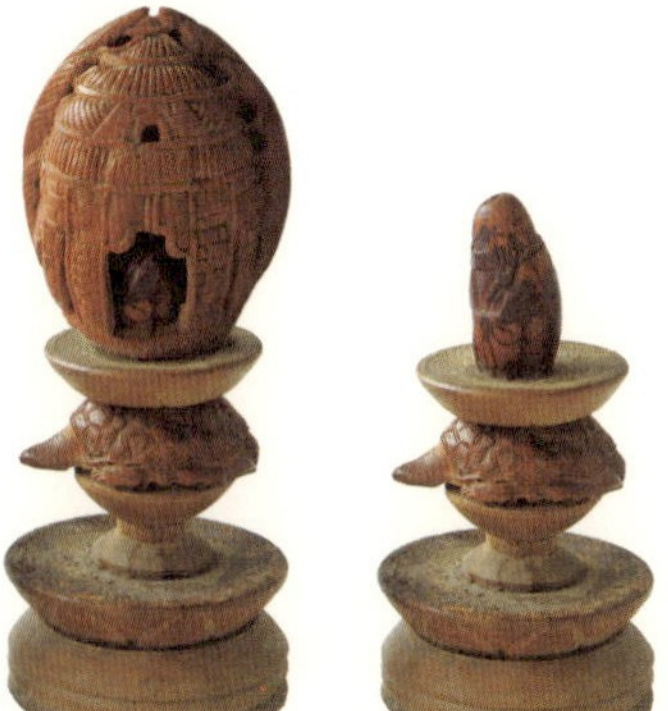

仏教の宇宙

古代インドの宇宙感では
巨大な亀の上に大地(世界)が
乗っており、その真ん中に
須弥山という山があり、
その頂上に天界があると
信じられていました。
これはその土台の亀と
寺院に見立てた須弥山です。
須弥山は桃の種に彫り込まれ、
中に核彫の仏像がいます。

開いた時　　綴じた時

仏教の厨子

釈迦三尊で左が白象に乗った普賢菩薩で、
右が獅子に乗った文殊菩薩。
全体で２１体の仏像が彫られた曼荼羅に
なっています。
精巧な木彫の小さな厨子ですが、
残念ながら現代の機械彫りです。

綴じた時

開いた時

開いた時　　綴じた時

チベット仏教ロケットペンダント

右の物はチベット文字（あるいは梵字）で
記されており、文字そのものにも霊力がある
と信じられました。
ペンダント型で中には経典の一部などを
書いた紙片などが入れられます。
下の物は摩尼車を表しています。

綴じた時

ロザリオケース

キリスト教の礼拝の時に使うロザリオ
（十字架のついた数珠のようなもの）と
それを収納するケースです。
聖書をイメージするブック型をしていて、
右はメダイ(マリア像)を表紙としています。
左はケース自体がロケットペンダントです。

開いた時

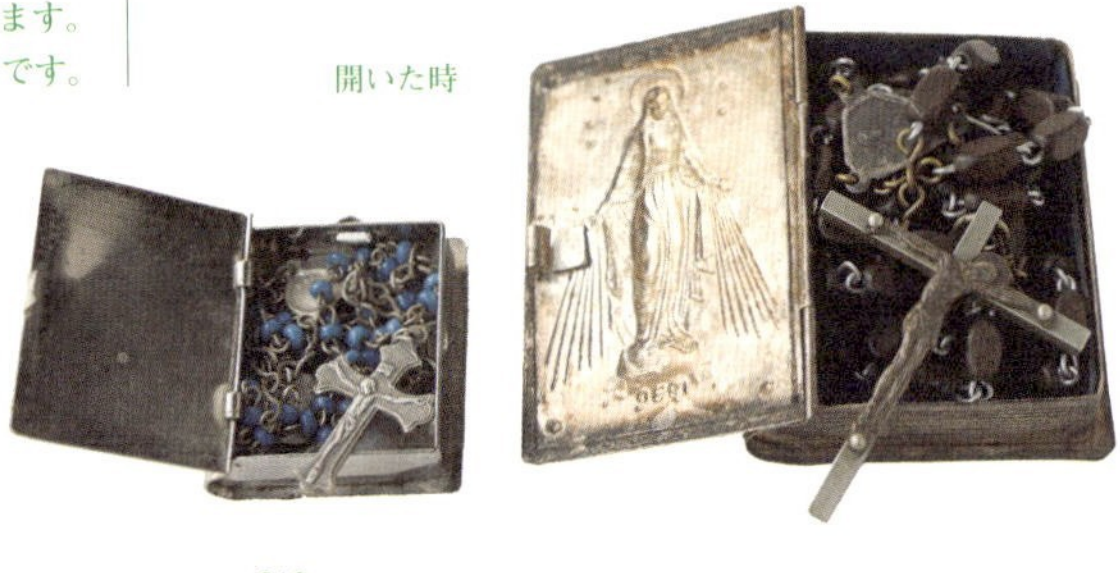

医療のための、様々な治療道具や機材がありますが、そのほとんどが素人が見ても用途のわからないものばかりです。患者としてそれらを見る場合には、まるで自分を攻撃してくる武器のように見えるのですが、単に道具として見る限りにおいては、そのメカニズムやシステムに不思議な魅力があり、個性的な各種道具が整然と並べられセットされた箱には、不謹慎ながら工作好きのギアマニアがわくわくするような魅力があるのです。かつて医院が現在ほど多くなく、かつ外科的治療がまだ進化していなかった幕末から明治頃には、薬が病気に対する大きな支えになっていました。家庭では、富山などの売薬さんが各家庭に専用の薬箱を配置してまわっていたものです。医師にとっても江戸時代には漢方薬が主体でしたから、多種の生薬を整理収納する細かな抽き出しや箱が必要だったのです。そして、明治以降に西洋医学へ徐々に移行して行きましたが、当時は医者へ行くより、医者が往診として家庭へ赴くことが多かったので、ここでも多くの薬を効率よく収納して運ばなければならなかったのです。そんな収納の工夫は医師や薬剤師の大きな薬箱ばかりでなく、個人でも旅先へ携帯するために懐へも入れられるようにと工夫した小箱があったのです。

医師薬箱

23.5cm

かつては入院できる大規模な病院が多かったわけではないので、患者は在宅療養しながら医者の往診を待つことが一般的でした。往診ですから治療は薬によることが多くなるのですが、あらゆるパターンに対応しようと思えばいかに多種の薬をコンパクトに運べるかに工夫が必要です。携帯するために合理的に詰め込まれた箱は数ありますが、これ程までに見事に凝縮された仕様には感嘆するばかりです。わずか25センチの箱に薬瓶が36本と各種調合器具が収納されています。薬はまだ漢方が多かった時代ですが、これは西洋医のためのものです。

薬秤
計量カップ
乳鉢
薬瓶
牛匙

密度の高い収納

蓋裏収納
薬中瓶
中蓋
象牙製聴診器の先
薬秤
牛匙
薬小瓶
メートルグラス
乳鉢

日本の注射器の草分け

注射器と言えば薄い緑色をしたガラスの筒を思い浮かべますが、今ではプラスチックの使い捨てのようです。注射器は1844年にアイルランドの医師が発明したとのこと、日本には1865年頃、オランダから長崎に伝わったと言われています。その時の書物に描かれているのは、外側はガラス製でピストンの部分はネジ式になっていて、回しながらクスリを注入するとのことで、まさにこの掲載のタイプではないかと思われます。この箱の裏には極細の真鍮の長い針金が添えられていました。注射針の穴の中を掃除するためのようです。なんと大らかかな。

薬箪笥

52.6cm

かつて漢方薬店には大きな薬箪笥があり、そこには細かな抽き出しがびっしり並んでいました。現在でも中国の古い漢方薬店にいけばそんな光景が見られます。漢方薬は一つ一つ小袋に入れた商品として売る前の時代には、薬種問屋から薬種を仕入れ、それを薬研（やげん）ですり潰し粉末にし、患者にはその都度症状に応じて生薬を調合していました。なのでこのような薬箪笥が必要だったのです。掲載のものは持ち運び出来るようになっていますが、かなり重いので運ぶのには苦労がありそうです。形態や留め金具から見て朝鮮のものだと思われます。

抽き出し口を内側にして閉じる

各種生薬の名前を書いた抽き出し

円盤型携帯薬入

今では国内であれば旅先での万一の体調不良もさほど不安にはなりませんが、かつては頼れるものがなかったので、長旅には薬の携帯も必需です。現在のピルケースに相当するものとして印籠もその一つですが、それはどちらかと言えば武士のアクセサリーにもなっていたようで、町人や商人はもっと実用的で様々な形態を工夫していました。掲載のものは無垢を削り出した精巧な作りの薬入れです。梅花紋になった造形も美しく、紐を通す穴があるところから根付としての機能もあったのかもしれません。次頁右下は、手帳型に工夫されたものです。

薬名の入った容器が梅花に並んでいる

◆ 同類参考品
薬名の入った袋が並んでいいる　真ん中で二つ折りに畳んで携帯する

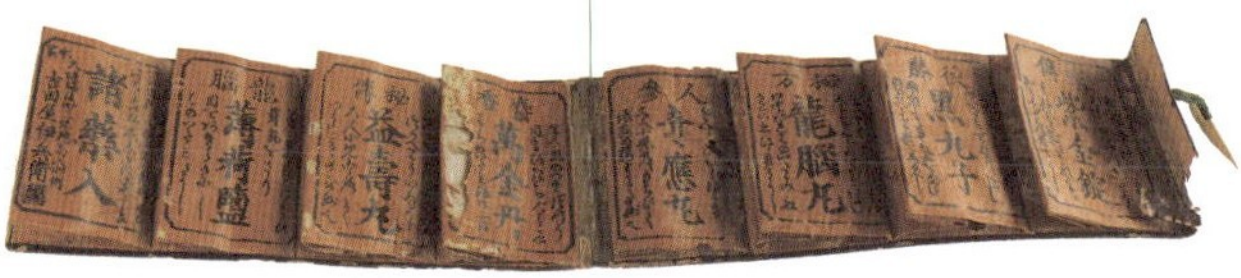

薬収納大箱

この薬箱が出て来たのは歯科医院からとのことでしたが、用途は歯科医院に限ったことではなさそうです。以前にこれと全く同じ箱に大小のガラスの薬瓶が、丸穴のゲソで固定されながらビッシリと入った状態の写真を見たことがあります。取手がついていることや、蓋が山形になっていて、積み重ねを拒否した形状などを考えると、移動を目的としたものではあるのでしょう。そう考えると往診の際などに持ち出したのでしょうが、薬箱としてはかなり大きなものなので、中に薬瓶をいっぱい詰め込んだら持ち上げるのも容易ではなさそうです。

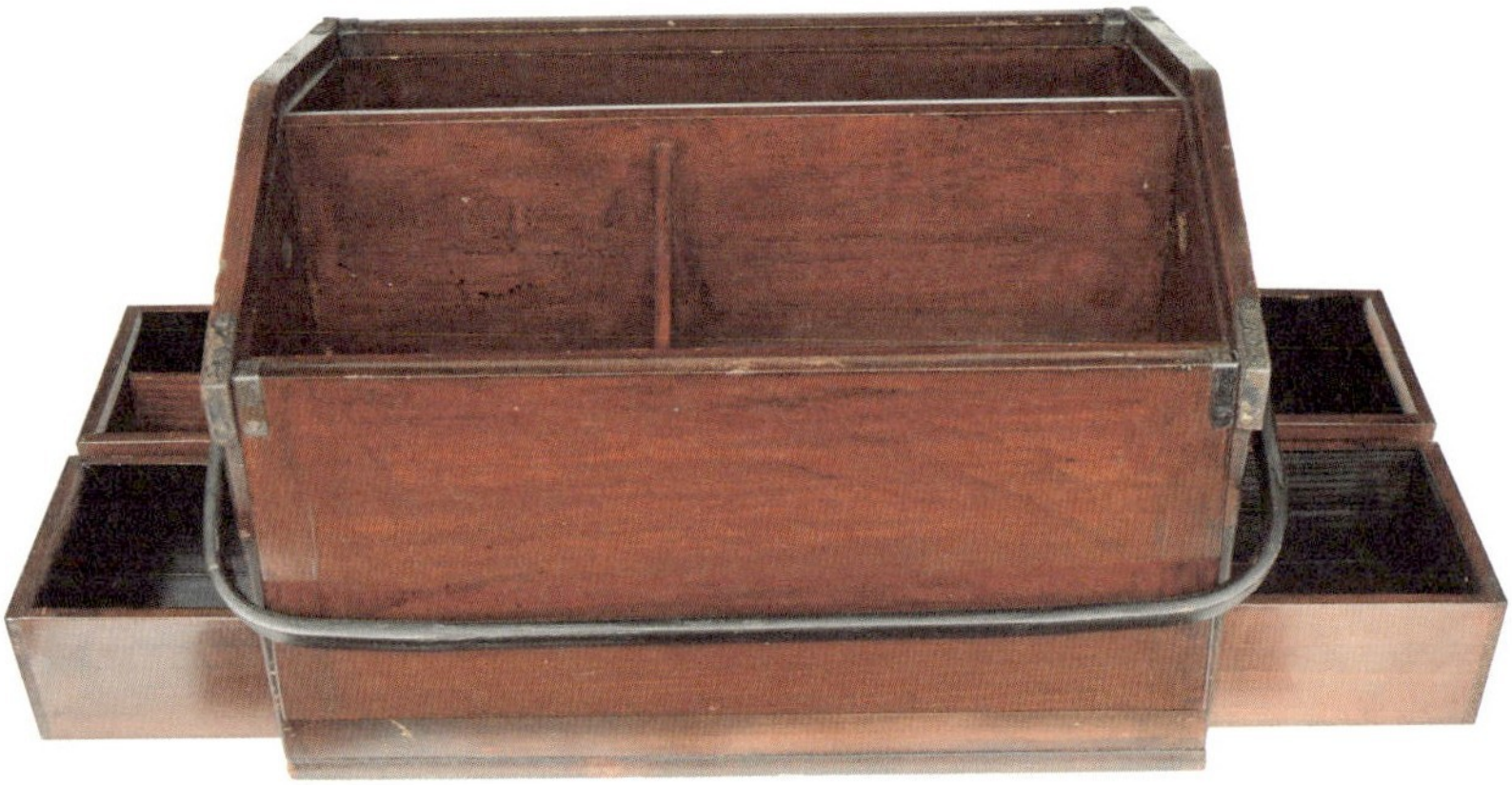

蓋が斜めになるので積み重ねが出来ない

仕分けされた内部

点眼器

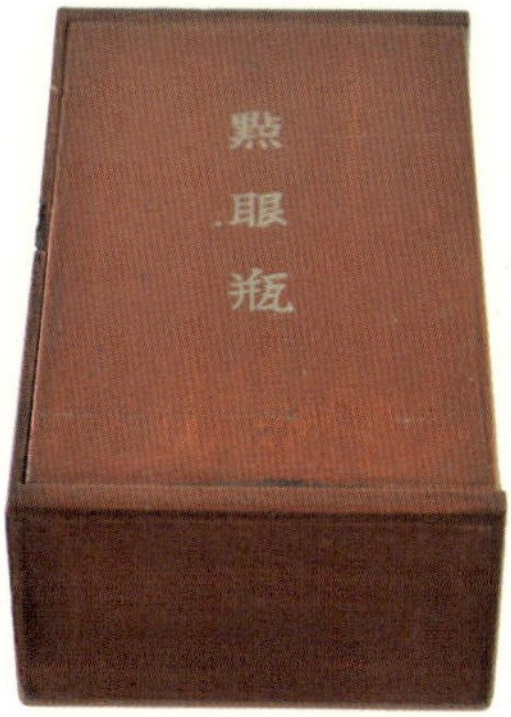

6.5cm

江戸時代の目薬は小さな巾着に包んで、蛤の貝殻の中に入れていました。明治に入って岸田吟香が初めてコルク栓をした瓶入りの液体目薬を発売しました。その後、極小のガラス管のスポイトがつけられ、昭和になって両口瓶が開発され、37年にプラスチック容器が出現しました。このように目薬は、眼というデリケートな部分に簡易に薬をさす工夫が考案され続けて来たのです。掲載のものは、ゴムスポイトもなかった初期のもので、注射器と瓶を合体させスプリングをつけた手の込んだものです。漆塗りの箱に入った豪華なもので医師用だったのでしょう。

點眼瓶

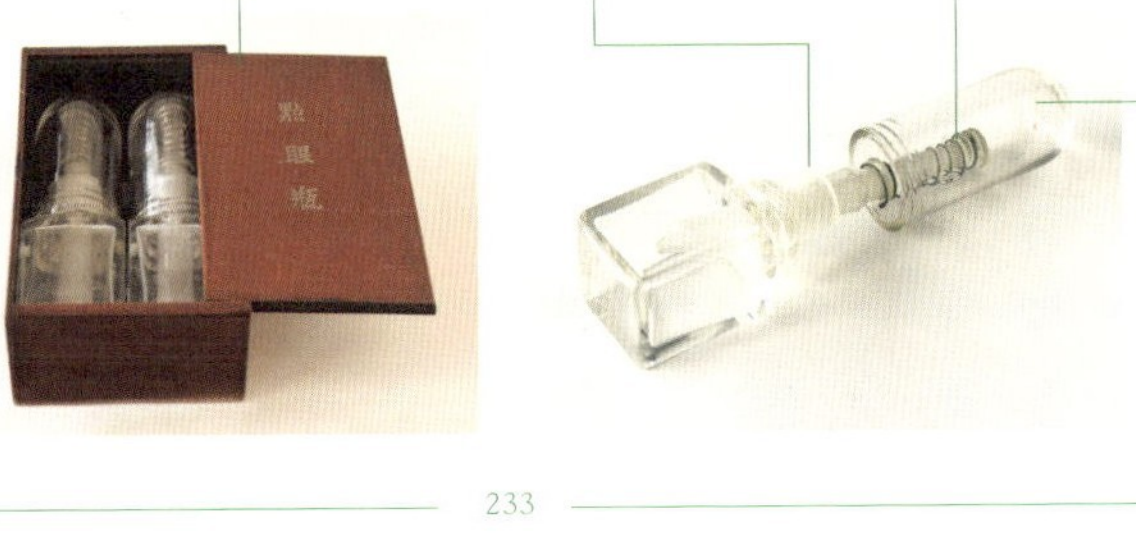
漆塗りの箱
注射器のようなシリンダ
バネでスポイトの役目
二重蓋
點眼瓶

検眼レンズ

34.1cm

「検眼」とは、視力検査とは違い検眼用レンズを用いて補正用の眼鏡のレンズの度数を選定する事です。(眼底検査などに対しても言います)これは古い時代の検眼レンズセットです。羽子板のような形をした、近眼用凹レンズ板と遠視用凸レンズ板各2本が入っています。どちらも0.5から13までレンズの段階が14段階しかありません。次頁右下は現代でも使われている「検眼枠(トライアルフレーム)」で、数種の検眼レンズを嵌め換えて適正度数を調べたり、乱視の歪みの角度を計ったりするための器具です。下は瞳孔間の距離を測定するためのものです。

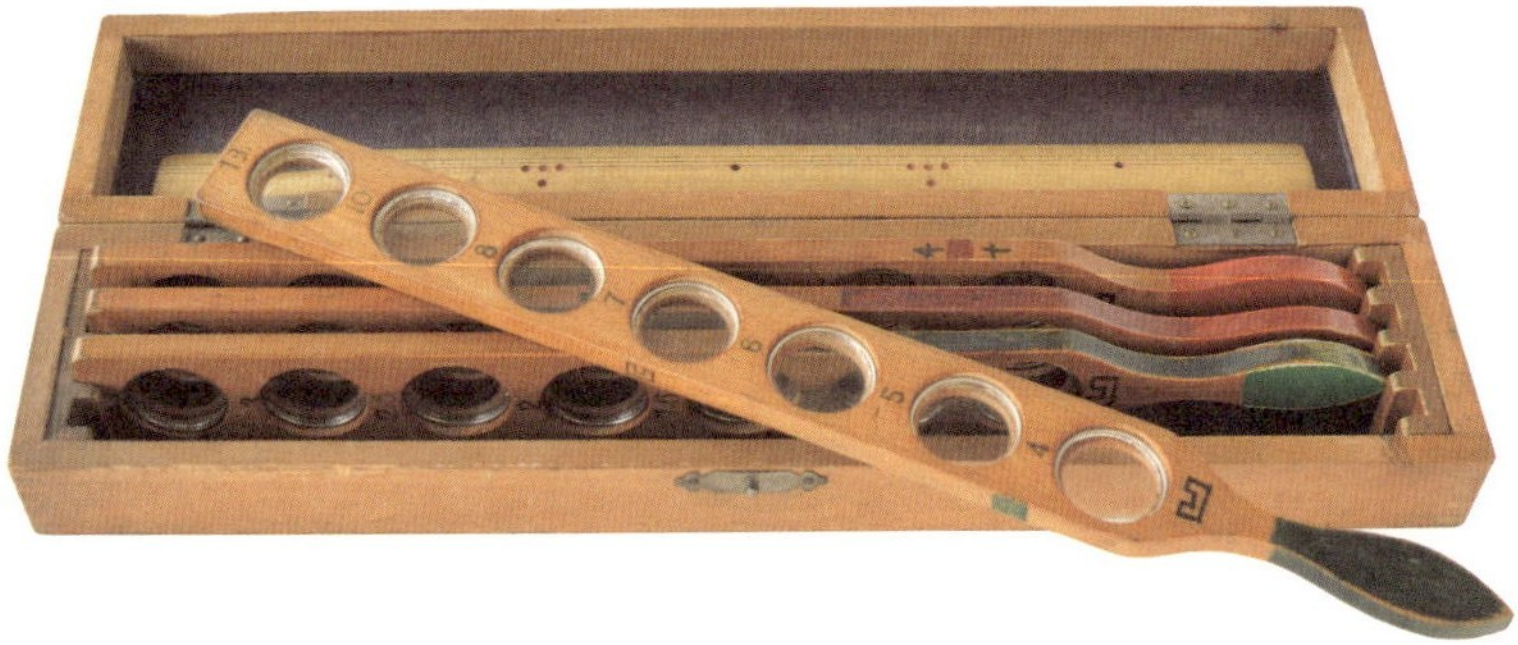

レンズ収納時

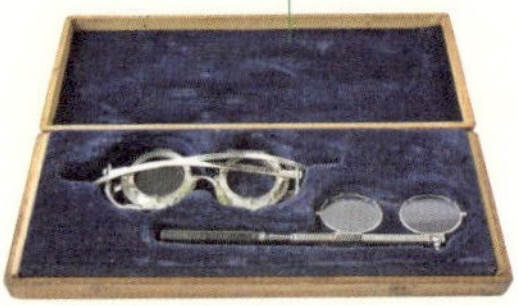

◆ 同類参考品　検眼枠セットの箱

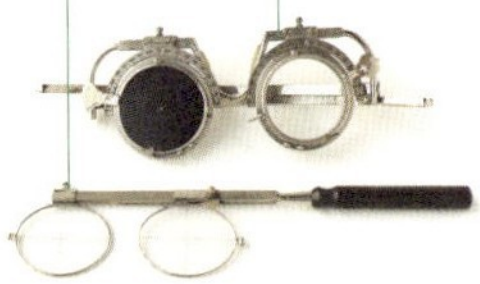

瞳孔間測定器　検眼枠

検眼レンズセット棚

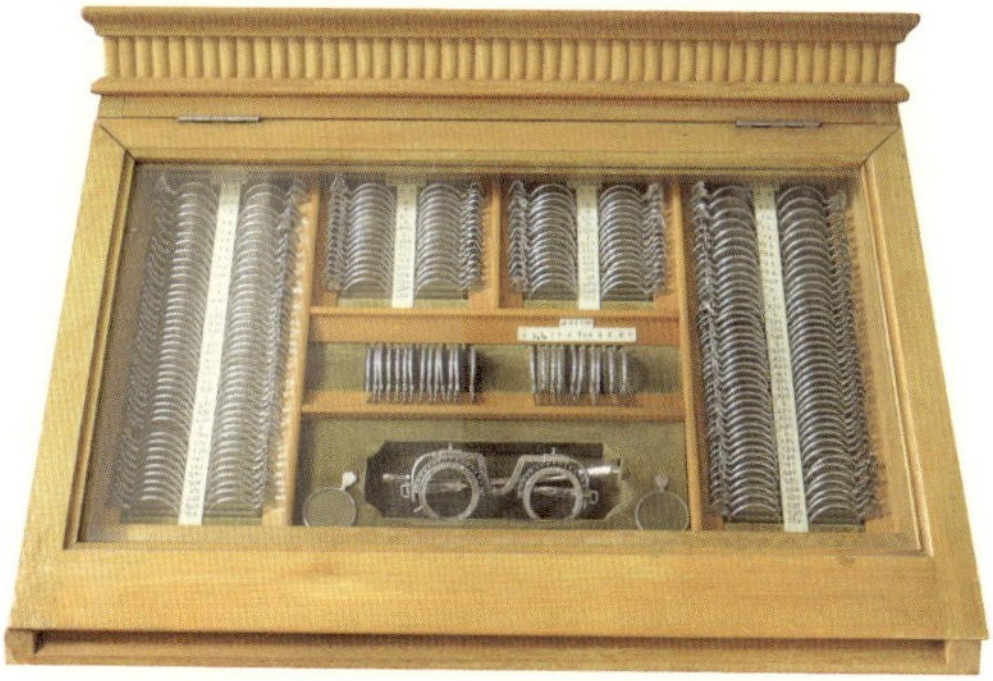

62.7cm

見事にびっしり並んだレンズセットが壮観です。段階も実に細かく設定されて、0.12〜2.0まで40段階に別れそれの凸レンズと凹レンズの両眼ペアですので160枚のレンズがあります。その他に乱視用が30ペア、斜視用が10枚、特殊フィルターが14枚で、全部で244枚のレンズで構成されています。中央に検眼枠がセットされています。これらは現代使用されているものとほぼ同じものと思いますが、最近ではコンピュータを用いて自動的に屈折異常の程度や乱視の軸などを調べるオートレフラクトメーター等も用いられているとのことです。

検眼枠

作業性の為斜めに設置されている

吸入器

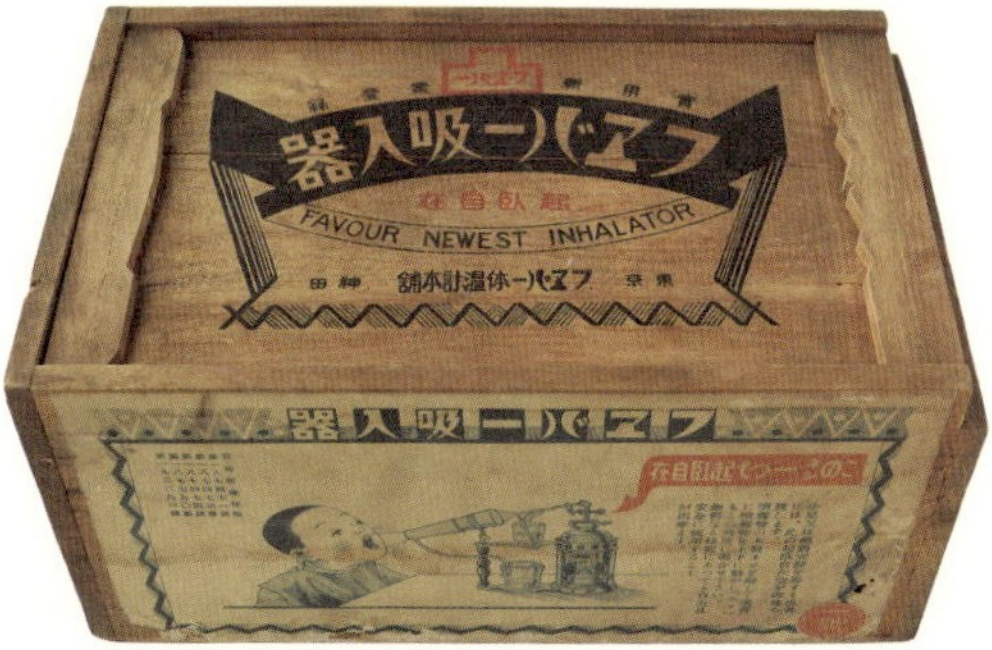

24cm

風邪を引いた時などに喉の症状を和らげるための器具がこの吸入器でかなり普及していたようです。アルコールランプで湯を沸かし、その勢い良く噴出した蒸気が喉を潤します。その際にヨードなどの薬液が気圧によって吸い上げられ、蒸気に混ざって喉に吹き付けられるのです。掲載のものは改良バージョンで、吹き出し口に貯まった雫をパイプを通して下のカップに戻せるところが特徴のようです。最近は吸入器はなくなったと思っていたら、現在でもアレルギー性鼻炎などにも効果があるということで売られていました。勿論構造等別物ですが。

雫を回収するためのゴム管が欠損　ヨード液入れ　蒸気噴出口　アルコールランプ

黴毒検査器具

21.5cm

プレートに「黴毒溷濁反応液器具」と表示してあるのですが、黴毒とは梅毒のことです。表記のマイニッケ氏とは、人体から採血した血清と薬品を混ぜることで血液中に含まれている梅毒を起こすスピロヘータなどを検出する方法を発見した博士です。そしてこの表示にある武田長兵衛商店とは、現・武田薬品工業の前身だったのでした。しかし、医学検査なら運ぶ必要はないだろうに、この見事に合理的に詰め込まれた高い密度は、明らかに運搬を目的としているようです。当時まだ合法的だった赤線などの遊里へ出向いて行って検査をしたのでしょうか。

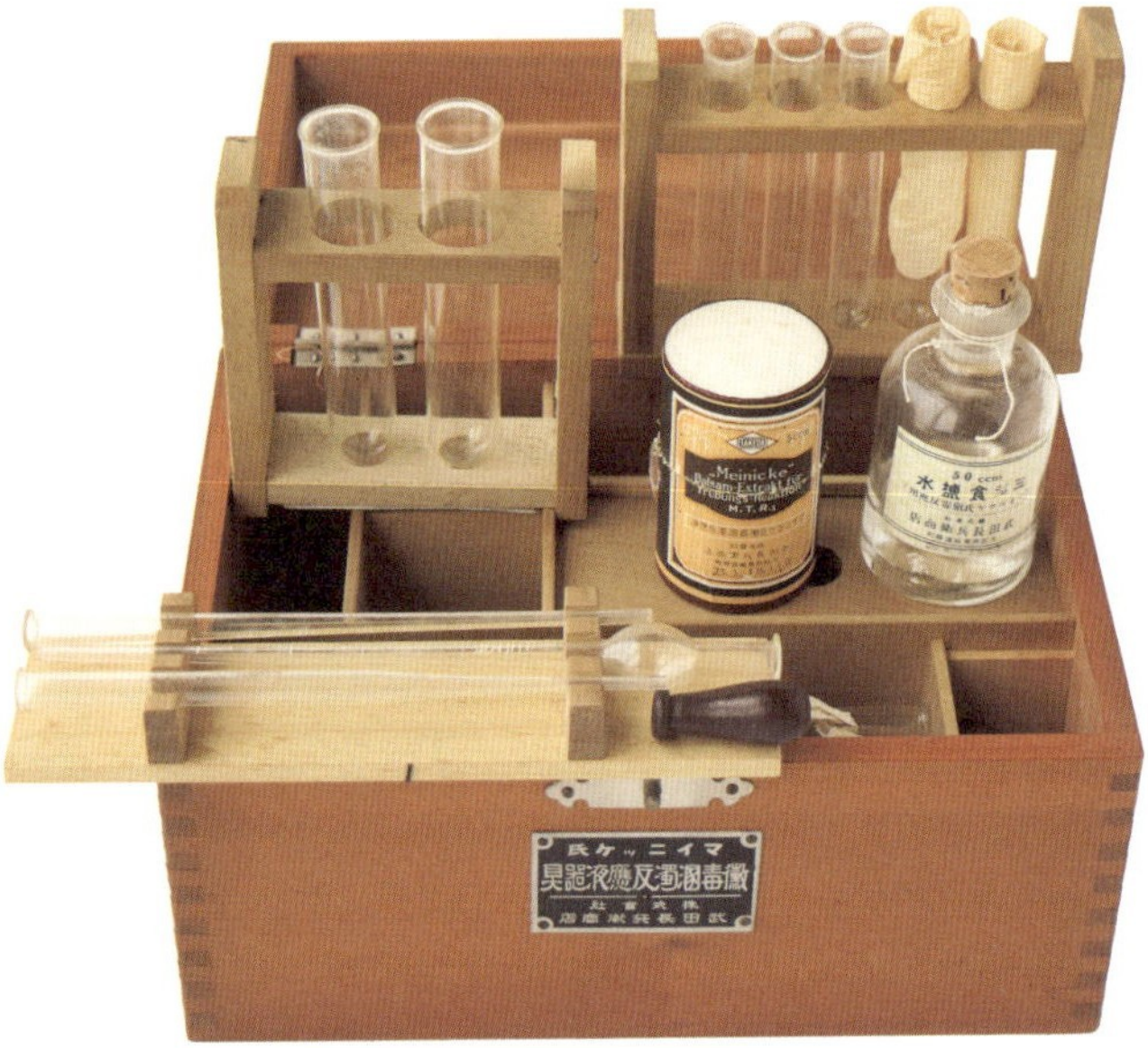

見事な収納の合理性

武田薬品の前身

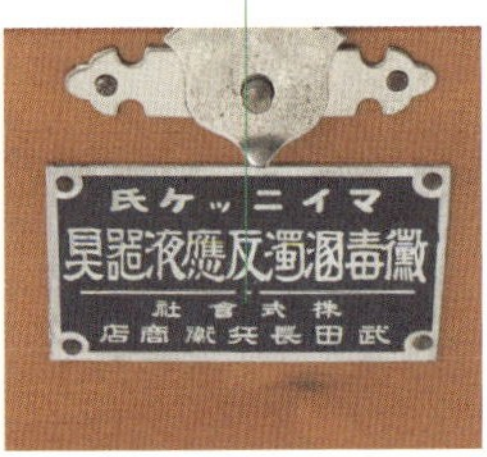

仁丹ケース

森下南陽堂の名で薬種商として創業し、明治38年に発売したのが懐中薬「仁丹」です。40年には家庭薬の売り上げ第1位の座についたのですが、何と総売上の三分の一を宣伝費に費やしたというから驚きます。始めは解毒胃腸薬だったのを後に口中清涼剤に転換したのがヒットの所以でしょう。いつでもポケットに偲ばせておけるように極小のケースに様々な工夫がなされています。掲載の右はブック型で、仁丹ケースに鏡がついています。左のものは鏡と爪楊枝までセットされています。上のバック型は他社の「カオール」で、蓋を開けて薬を取り出します。

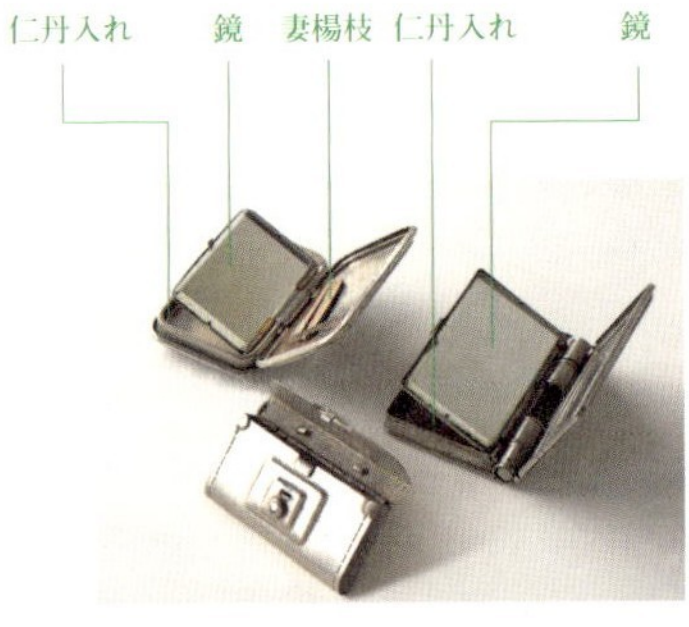
仁丹入れ
鏡
妻楊枝
仁丹入れ
鏡

腰椎穿刺器

箱に「腰椎穿刺」とありますが、当方その専門知識がないのでネットで調べてみると、「腰椎間から脊髄腔へ針を穿刺して、脊髄液を採取したり麻酔薬などを注入したりすること（小学館デジタル大辞泉）」とありました。この注射器の針の長さを見るにつけ、その治療現場を想像しゾッとします。その反面、箱の中に整然と並べられた状態にある種の美しささえも感じてしまいます。その他左頁下のように使用用途のわからない医療器具達がありますが、ステンレスの容器ではなく、木の箱に入っているとなぜか怖さより懐かしさを感じてしまいます。

◆ 同類参考品　針を付けずゴム管をつける
浣腸器のような注射器

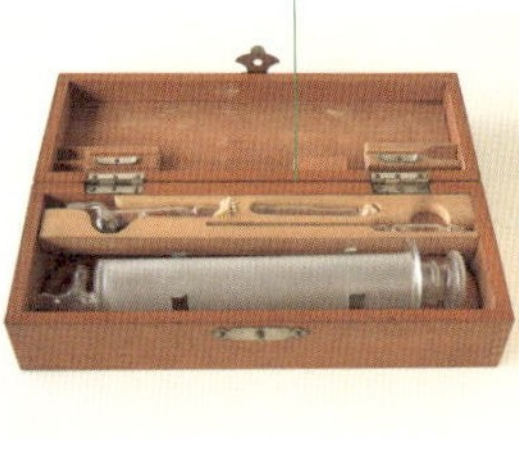

◆ 同類参考品　何やらビッシリ並んだ器具が
2段重ねで収納されている

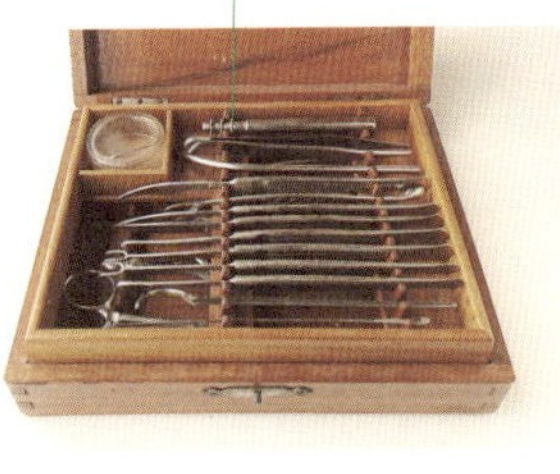

耳鼻咽喉科器具

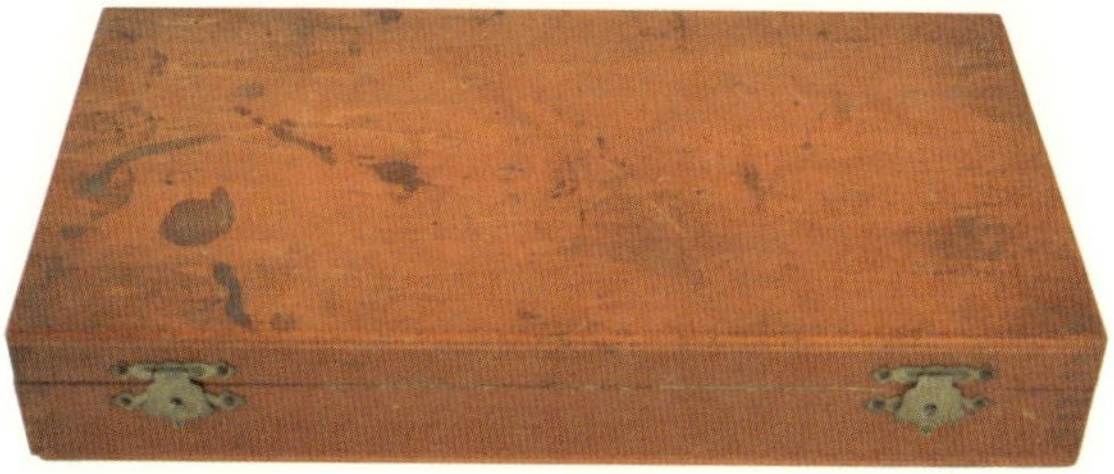

28.7cm

医者の絵を描くとすれば誰でも頭に丸い鏡を付けた人物を描くでしょう。あの医者の象徴である穴の空いた丸い鏡を「額帯鏡」といいます。暗い穴を影の邪魔にならないよう覗き込むためのものですから、特に耳鼻科などでは必須だったのでしょう。掲載のセットも耳鼻咽喉科のものであろうと思われます。現在ではヘッドライトや内視鏡にとって代わられ、この額帯鏡を見かけることは無くなりました。左頁左下では、まるで大工道具箱のような接骨医のためのものです。医療器具は使う所を目の当たりにしなければなかなか興味深いものです。

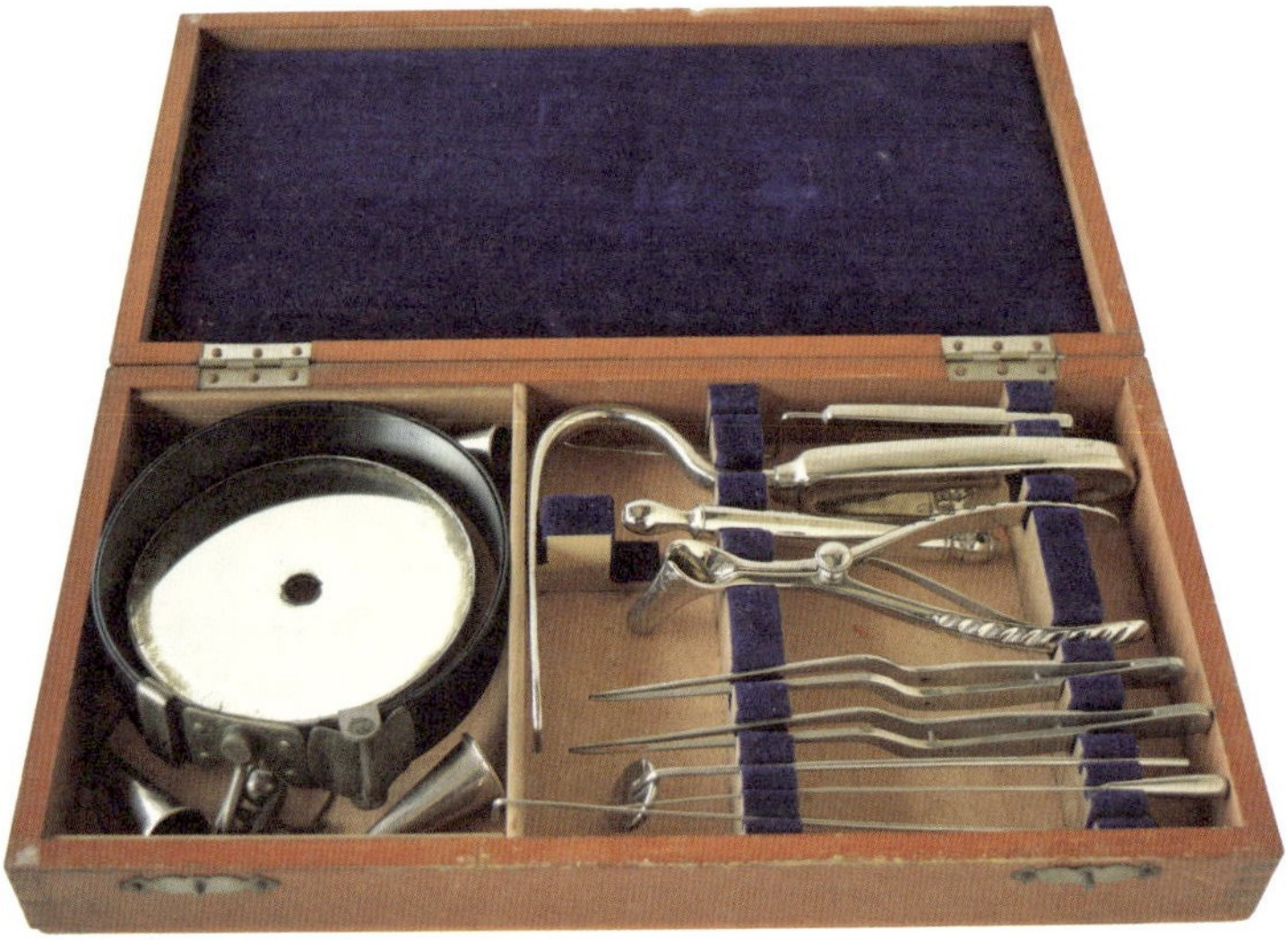

◆ 同類参考品　ボルトやスパナなど大工道具のような接骨院治療器具

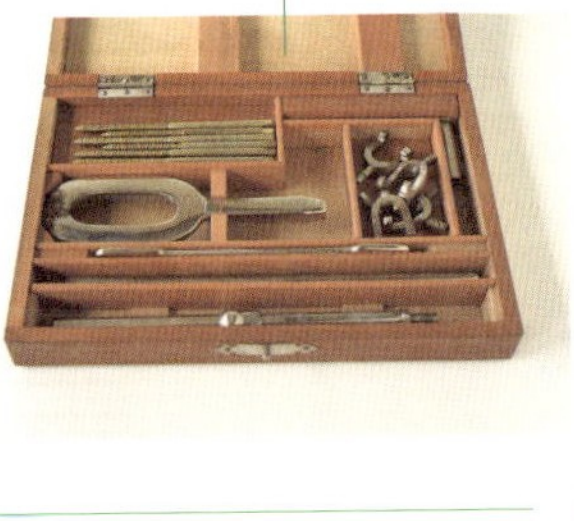

◆ 同類参考品　患部を切り取る為と思われる鋏

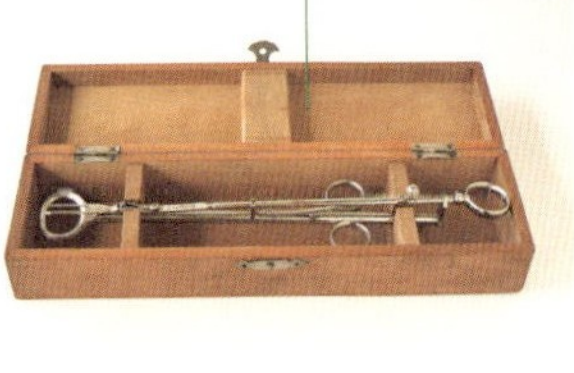

検眼鏡

8.8cm 11.1cm

医者が頭につけていた額帯鏡と同じ原理の小型版ですが、そこに小さなレンズが差し替えられるようになっています。左のものはそれがダイヤル式オートチェンジャーになっているのです。この箱に表示されている「ophthalmoscope」というのは「検眼鏡」とか「眼底鏡」という意味で眼科医のものです。検眼といっても、視力矯正レンズを計るのではなく、直に瞳孔を覗く眼底検査などに使うのでしょう。今ではもう使われていないと思いますが、現代では検眼鏡や眼底鏡といえば、眼底カメラのような光学機器のことを指すようです。

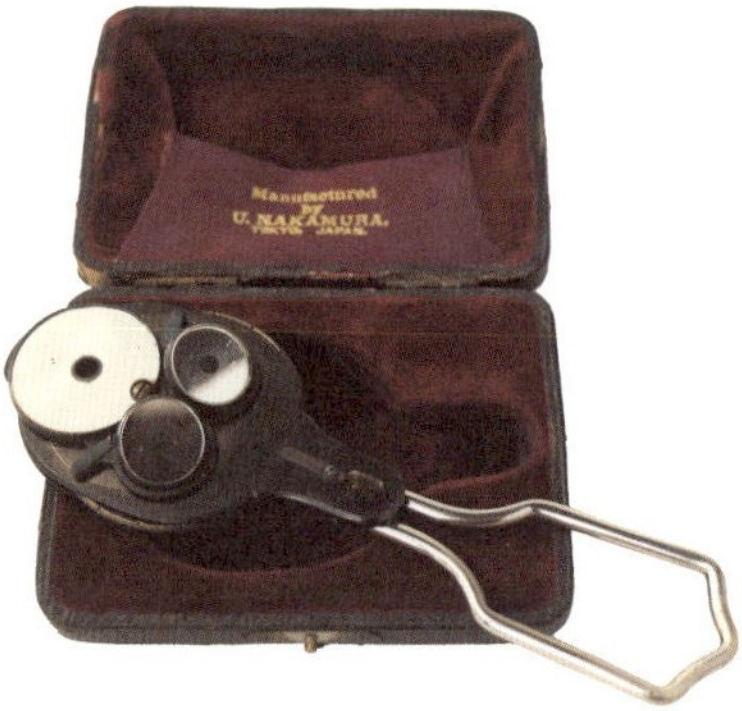

3つのミラーと１２枚のレンズが
ダイヤル式に内蔵されている

2つのミラーと差し替え用レンズ

◆ 同類参考品　丸型ミラータイプ

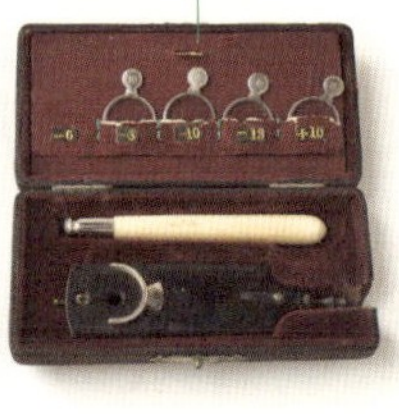

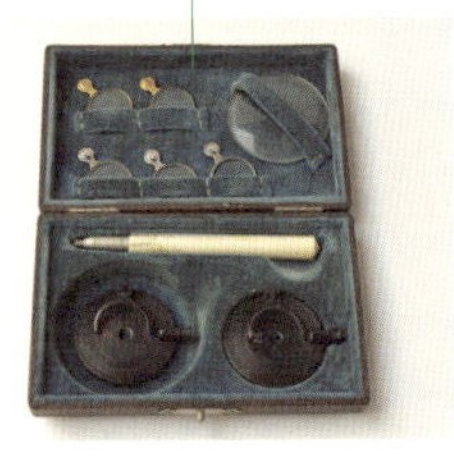

治療器具箱

20cm

もとより医療器具などというものは素人には解らないものなのですが、それにつけてもこの器具は不思議です。何かの治療器具なのでしょうが、貧困な医療知識に照らし合わせてみては用途はわかりません。名盤もキリル文字なので解読できません。瓶に何か薬品を入れそれがゴム管を通して鏝のような棒に噴出され、それを熱された状態で人体の患部に当てるのではないかと勝手に推察してみるのですが、さて実際はどうなのでしょう。さらに私の勝手な感覚で申しますと、現代の西洋医学ではなく、多分に民間医療的な匂いを感じてしまうのですが。

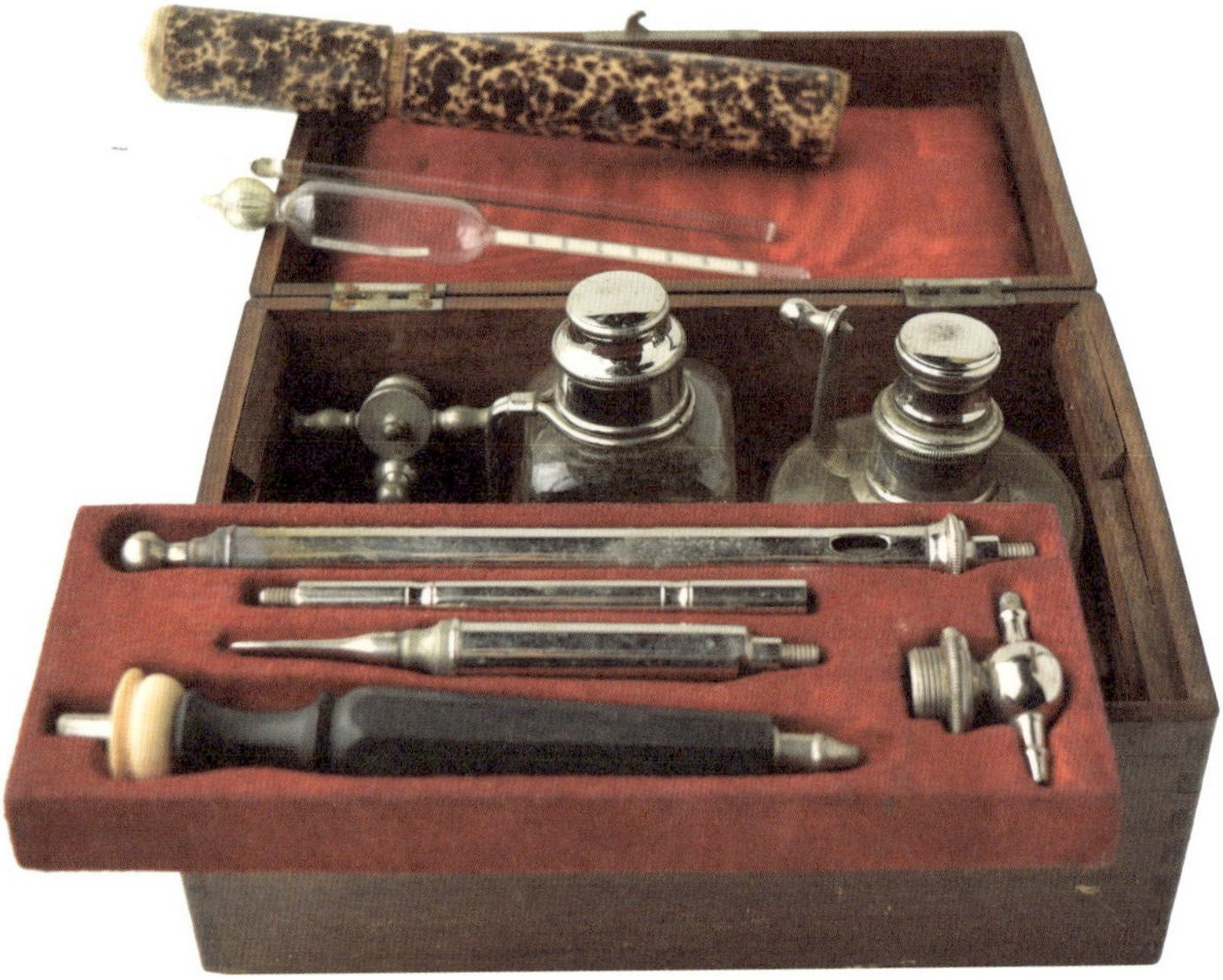

整然と収納されているがクッション材
などに医療的ではない雰囲気も

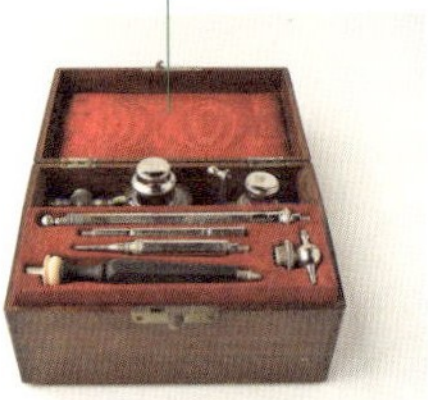

鏝

水準器　アルコールランプ

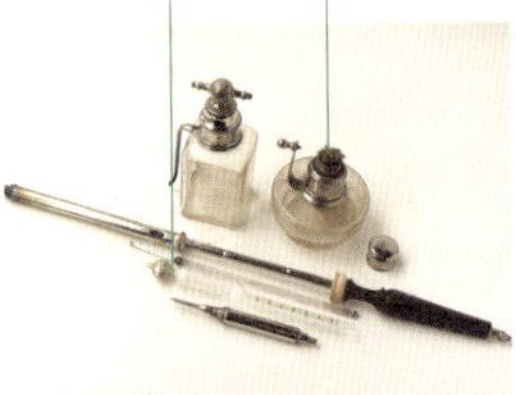

あとがき　箱社会

欧米のアンティークショップを巡っていると、日本と比べて物価水準から換算しても少し高値に感じることがあります。それだけ海外の方が古いものに価値を見ているということなのでしょうか。なぜそうなのかはそれぞれの生活感の違いからでしょうが、生活の基盤である家屋の耐久性事情が影響しているとも言われます。たしかに石造りの文化圏では数百年を越す家は珍しくなく、それゆえそこで使われる家具や調度品も大切に世代を超えて受け継がれてきて、曽祖父の代から使い続けているということに誇りを持ちます。その点、木と紙でできた日本の家屋は短命であり火災天災がさらにそれを短くします。そこから使い切りの文化が育ったとも言え、それが今では世代が替わる毎に家から家具まで生活環境全てをリセットするのが普通になっています。先代の使っていた物はいらないし、むしろ最大の関心事は何が新しいかということで、人よりいち早く新しいものを手に入れることが何よりの優越感になる。そんな価値観へと繋がってきたのかも知れません。そして断捨離という思考までも生まれます。

本書の視点はそれらとは逆行した、古い物への拘りです。偶然出会った古い道具のどこかに惹かれ、その使用目的や背景を調べていくうちに、それを使っていた時代の生活が眼前の映像として浮かび、また、製作をした匠たちの心意気と対話できたかのように感じます。ただ、これらの殆どのものは、工場ラインや量産機械で作られたものではなく、多くの職人達による一品毎の手作りの製作です。そうであるにも関わらず、なぜか其々のジャンルでの物の基本構造がよく似ているのです。どのみち手作りなのだから、どのように作っても自由であるはずなのに、提重とはこういうもの、懸硯とはこういうものといった暗黙のルールの中で作られた定番のような概念があるように感じます。そして製作者はそのディテールにのみ拘るのです。日々新しい視点を求められる現代とは違い、世の中の暗黙の仕組みの中での自由を精一杯謳歌するという、時代の社会通念の縮図のようなものも見てとれるようです。これらは、箱に限らず一般的な文化の変遷に言えることなのかもしれませんが、その時代それぞれのジャンルの社会構造自体が、箱のような枠組の中に組み込まれていたのか。そしてそこからもがきながら、外箱を崩すのではなく、箱の中の仕組みに工夫を凝らしていったとすれば、まさに人の社会を感じてしまいます。

著者略歴

高橋善丸（たかはし よしまる）

Yoshimaru Takahashi

グラフィックデザイナー　大阪芸術大学教授
株式会社広告丸主宰　www.kokokumaru.com

日本グラフィックデザイナー協会、日本タイポグラフィ協会、東京タイプディレクターズクラブ、ニューヨークタイプディレクターズクラブ各会員。主な受賞に、ニューヨークADC銀賞、HKデザインアオード銀賞、ほか国内外受賞多数。主な著書に、『ここちいい文字』パイインターナショナル『曖昧なコミュニケーション』ハンブルク美術工芸博物館、『高橋善丸設計世界』中国広西美術出版社、『情感のあるタイポグラフィー』DNP文化振興財団など。チューリッヒデザイン美術館、ハンブルク美術工芸博物館、ほか国内外の多数の美術館に作品が収蔵されている。また、古い広告印刷物や雑貨のコレクション及びその研究をしている。レトロ関係の著書は、『くすりとほほえむ元気の素』、『レトロな印刷物ご家族の博物紙』光村推古書院。『お薬グラフィティ』光琳社出版。『日本伝統薬袋』中国広西美術出版社等がある。

参考文献

江戸の暮らし辞典	学研
江戸と東京風俗野史・伊藤晴雨	国書刊行会
江戸さいえん図鑑	インテグラ
モダン化粧歴史	ポーラ文化研究所
日本の化粧ー道具と心模様	ポーラ文化研究所
マンダラー出現と消滅	西武美術館
アジアのコスモス＋マンダラ	講談社
幻燈スライドの博物誌・早稲田大学演劇博物館	青弓社
日本の仏教・梅原正紀	現代書館
カメラギャラリー・中川邦昭	美術出版社
映像体験ミュージアム・東京都写真美術館	工作舎
おもちゃ博物館1〜24・多田敏捷	京都書院
コレクター骨董市雑学ノート・景山忠弘	ダイヤモンド社
僕の夢倉庫・北原照久	マガジンハウス
20世紀我楽多図鑑・北原照久	パルコ出版
日本民具の造形・川村善之	淡交社
明治がらくた博覧会・林丈二	晶文社
古き良きアンティーク文房具・たいみち	誠文堂新光社
非売品グラフィティ・睦月三日生	リトル・モア
いまむかしおもちゃ大博覧会・兵庫県立歴史博物館	河出書房新社
茶の美・千登三子監修	淡交社
携帯の形態	INAX 出版
鳥かご・虫かご	INAX 出版
ゲームのデザイン	INAX 出版
日本の道具	読売新聞社
日本の看板	淡交社
たばこおもしろカタログ図鑑	講談社
別冊太陽　子ども昭和史１・２・３	平凡社
別冊太陽　平賀源内	平凡社
弁当の工夫	国際基督教大学博物館
モースの見た日本	小学館

箱中天
箱の中の小宇宙

平成30年3月21日　初版1刷　発行

著者　高橋善丸

ブックデザイン・撮影　高橋善丸

発行者　浅野泰弘
発行所　光村推古書院株式会社
604-8257　京都市中京区堀川通三条下ル　橋浦町217-2
TEL:075-251-2888 FAX:075-251-2881
http://www.mitsumura-suiko.co.jp

印刷　株式会社シナノパブリッシングプレス

ISBN 978-4-8381-0573-1

『くすりとほほえむ元気の素』

レトロなお薬袋のデザイン

売薬と呼ばれる家庭配置薬の
パッケージを中心に、各種関連物を
千点を超える画像で紹介しています。
これらを売薬美術と称して、
懐かしさと共に、デザインを通して
そこに反映された、移り行く時代を
俯瞰しています。

高橋善丸 著
光村推古書院
3200円＋税

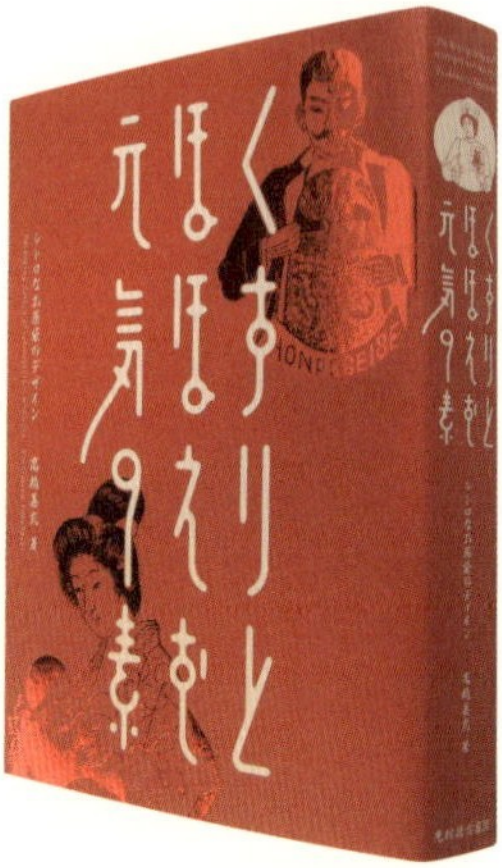

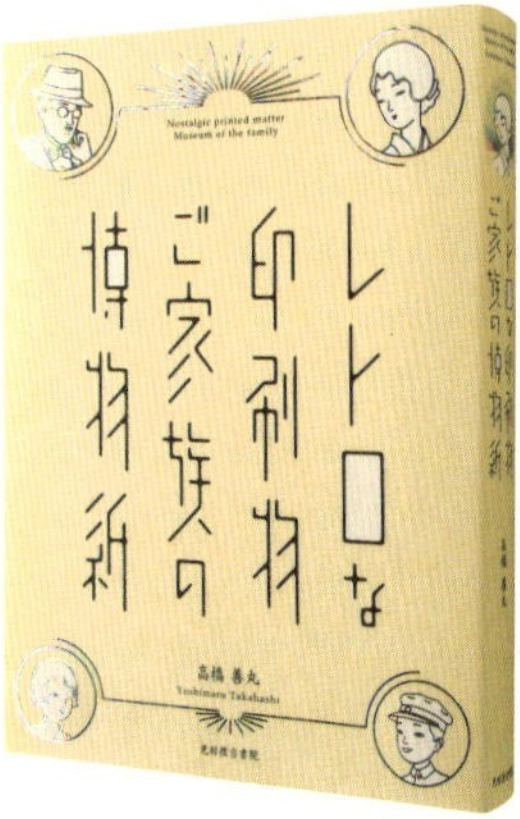

『レトロな印刷物ご家族の博物紙』

明治から昭和初期に至るまでの
美しいパッケージやラベル、広告など、
そんなレトロな印刷物を
家族の構成員らの生活視点により
分類して紹介しています。
本のノドから湧いて出てくるような、
レイアウトも斬新です。

高橋善丸 著
光村推古書院
2800円＋税

『京都千年日記』

和風情緒たっぷりの、蛇腹折の日記。
いつからでも始められる年度版。
季節が感じられる、京の食の歳事記の
写真も週ごとに掲載しています。
人とは違う日記やスケジュール帳を。
また、外国の方への贈り物や
お土産にも最適です。

高橋善丸　企画・制作
光村推古書院
3000円＋税